슬기로운
금융생활

슬기로운 금융생활

초판 1쇄 인쇄 | 2021년 1월 22일
초판 1쇄 발행 | 2021년 1월 29일

지은이 | 금융의정석
펴낸이 | 박영욱
펴낸곳 | (주)북오션

편 집 | 이상모
마케팅 | 최석진
디자인 | 서정희·민영선
기획·진행 | 최기운

주 소 | 서울시 마포구 월드컵로 14길 62
이메일 | bookocean@naver.com
네이버포스트 | post.naver.com/bookocean
전 화 | 편집문의: 02-325-9172 영업문의: 02-322-6709
팩 스 | 02-3143-3964

출판신고번호 | 제2007-000197호

ISBN 978-89-6799-567-6 (03320)

이 도서의 국립중앙도서관 출판예정도서목록(CIP)은 서지정보유통지원시스템
홈페이지(http://seoji.nl.go.kr)와 국가자료공동목록시스템
(http://www.nl.go.kr/kolisnet)에서 이용하실 수 있습니다.
(CIP제어번호: CIP2020055445)

똑똑하게 소비하고 있나요?

슬기로운 금융생활

영리하게 투자하고 있나요?

금융의정석 지음

prologue

과거에도 그랬을까? 많은 사람들이 대학교를 졸업하고 취업한 후, 직장 생활을 하며 돈을 벌기 시작하지만 매일매일 빠듯한 하루하루를 살아간다. 그리고 생각보다 적은 월급과 갈수록 비싸지는 물가는 그 빠듯함을 배로 증가시킨다. 그 와중에 상환해야 하는 학자금대출, 그리고 매월 소요되는 집값에다 공과금까지 합친다면, 회사나 아르바이트에서 받는 월급으로는 생활을 유지해 나가는 것조차 힘들 때가 많은 것이 지금의 현실이다. 이렇게 정신없이 4~5년이라는 시간이 지나고 나면, 남녀를 불문하고 대부분의 사람들이 결혼이라는 시기를 마주하게 된다. 과연 이렇게 정신없이 지나가는 시간 동안 평균적으로 어느 정도의 돈을 모을 수 있을까?

물론 어느 직장, 어느 직군에서 근무하느냐에 따라 소득과 지출은 달라질 수 있어서 모을 수 있는 금액에는 차이가 있겠지만, 소위 말하는 금수저가 아닌 이상 결혼 후 작은 집 한 칸 마련해 소소하고 행복한 결혼 생활을 시작하는 것은 이제 남의 일이 되어 버린 지 오래다. 스물두 번이 넘는 부동산 대책이 나올 만큼 상상 이상으로 올라버린 집값 탓에 집을 매매하는 것 자체가 사실상 불가능해졌을 뿐만 아니라, 이제는 신혼의 꿈인 20평대 아파트에서 전세나 월세로 시작하는 것조차 어려워져 버렸다. 또한 이러한 상황에서 영혼까지 끌어모은 비용으로 겨우 오래된 아파트, 혹은 빌라에

서 전세나 월세로 결혼 생활을 소소하게 시작하더라도 매월 집과 관련된 유지비용(관련 대출 원리금, 월세, 관리비 등)으로 나가는 고정비가 가계 비중에서 상당 부분을 차지하기 마련이다. 이렇기에 일반적인 월급 생활을 하는 직장인이라면 팍팍한 삶을 벗어나기가 힘든 것은 어쩌면 당연한 일일지도 모른다.

그렇지만 현재의 사회가 이렇다는 이유로 이러한 삶을 살아야만 하는 것인가? 그리고 언제까지 남을 부러워만 하고 살 것인가? 풍요롭고 넉넉한 삶을 살고 싶다면 내가 바뀌어야 한다. 내가 바뀌지 않으면 나의 생활도 바뀌지 않기 때문이다. 하지만 이미 직장 생활을 시작하고 있는 나를, 혹은 직장 생활을 문앞에 두고 있는 취업준비생까지 되어버린 나를, 머리가 이미 굳어버릴 정도로 성장해버린 나를, 어떻게 단숨에 바꿀 수 있을까?

갑자기 내 연봉이 두 배로 오르는 일이 생길까? 아니면 갑자기 의사나, 회계사, 변호사와 같은 전문직종으로 전환하는 것이 가능할까? 연봉을 대폭 올린다거나 전문직으로 직종을 전환하는 것은 당장 실행하기에 불가능할 정도로 어려운 일이며, 이렇게 되기까지 상당한 노력과 시간을 필요로 하게 된다. 결국 현재의 삶을 바꾸려면 지금 근로 활동을 통해 벌고 있는 월급 범위 내에서 효율적으로 소비하고 가성비 높은 투자와 같은 재테크를 잘하는 수밖에 없다. 그래야 내가 가지고 있는 자산이라는 것을 키워나갈 수 있기 때문이다. 그럼 재테크는 어떻게 해야 잘하는 것일까?

이제는 더 효율적으로 돈을 모으는 방법을 알아야 하고, 더 효율적으로 돈을 소비하는 방법에 익숙해져야 한다. 즉, 돈에 대한 가치를 바탕으로 투자와 소비에 대해 새롭게 인식해 나의 금융 생활에 변화를 줄 필요가 있으며 그 준비를 차근차근 해나가야 한다. 재테크는 돈을 버는 것만을 의미하지 않는다. 재테크는 돈을 아끼는 것 또한 포함하는 개념이다.

이 책은 이러한 재테크를 하고자 고군분투하는 사람을 위해 돈에 대한 마음가짐을 새롭게 하고 더 나은 경제생활에 도움을 줄 수 있는 금융 컨텐츠를 중심으로 구성했다. 매일 사용하는 카드부터 매월 납부하는 보험 그리고 누구나 한 번쯤은 관심 가져본 주식, 펀드, 그리고 예 · 적금을 비롯한 다양한 투자수단까지. 각 금융 상품별로 어떻게 하면 더 많은 금액을 절약하고 더 효율 높은 수익을 얻어 현명한 금융 생활 및 자산관리를 할 수 있는지에 대한 정보를 제공한다. 이런 내용과 정보가 현명한 금융 습관을 기르고, 원하는 목표를 달성하는 데 조금이나마 도움이 되기를 바란다.

PS.

이 책을 출간하기까지 많은 도움을 주신 분들에게 감사의 말씀을 전합니다. 특히 이 책을 통해 많은 사람들이 금융에 대한 새로운 가치관을 정립해 각자가 원하는 삶을 만들어 가기를 진심으로 바랍니다.

또한 사랑하는 아내와 딸 그리고 저의 소중한 가족을 비롯해서 항상 옆에서 큰 위로와 도움이 되어 주는 친구와 직장 동료에게도 무한한 감사를 전합니다.

금융의 정석

• contents •

Part 1 신용카드/체크카드 활용법

Part 3 금융의 꽃! 주식, 펀드, 적금, 대출 제대로 알고 하시나요?

Part 4 새는 돈을 막아야 부자가 된다!

대한민국처럼 카드로 결제하는 문화가 발달한 국가가 또 있을까? 화폐 없는 세상에 살고 있다고 해도 과언이 아닐 만큼 한국의 소비생활은 대부분 신용카드나 체크카드로 이루어진다. 특히 최근에는 페이 서비스라는 플랫폼 안에 카드 정보를 저장해 두었다가 실물 카드가 없어도 실물 카드로 결제한 것과 같은 소비를 할 수 있는 세상이 되었다. 그럼 신용카드와 체크카드는 주로 어떤 사람들이 사용할까? 일반적으로 소득이 있는 사람은 신용카드를, 소득이 없는 학생은 체크카드를 이용해 결제라는 행위를 한다. 그런데 여기에 아주 기본적이면서도 신기한 점이 있다. 예를 들어 1만 원짜리 물건을 구매한 경우를 가정했을 때, 어떤 카드를 사용했느냐에 따라 구매 비용이 달라진다는 점이다. 바로 카드에 탑재된 혜택을 이용하기 때문이다. 같은 물건을 사더라도 실제 내가 지불하는 금액이 9000원이 될 수도 있고 5000원이 될 수도 있고, 원금 그대로인 1만 원이 될 수도 있다. 이렇듯 카드의 혜택을 어떻게 활용하느냐에 따라 현명하게 소비를 할 수 있다. 이번 파트에서는 카드를 이용한 재테크 방법을 소개하고자 한다.

Part 1

신용카드/체크카드 활용법

01

신용카드로 연 240만 원 세이브하는 방법!

신용카드를 현명하게 사용해서 매월 20만 원 이상 절약하는 방법이 있을까? 신용카드로 돈을 사용하면서, 돈을 절약하는 방법은 생각보다 아주 간단하다. 바로 신용카드에서 제공하는 카드 혜택을 매월 잘 챙기면 되기 때문이다. 하지만 카드에 탑재돼 있는 할인 혜택은 상대적으로 복잡한 편이다. 이용하려면 지켜야 하는 상세 조건이 비교적 까다로워 카드 혜택을 적용받는 것을 어려워하는 경향이 많이 있다. 하지만 카드 할인 혜택을 적용받는 것은 의외로 쉽다. 카드사별로, 카드 상품 종류별로, 그리고 전월 실적 구간대별로 할인율이나 할인 한도 금액이 달라지는 복잡한 카드 혜택 구조를 다 이해할 필요도 없다. 오로지 하나의 공식만 알고 있으면, 매월 20만 원의 이상은 금액은 충분히, 쉽게 절약할 수 있다. 그 방법을 지금부터 알아보자.

카드별 피킹률을 따져라

먼저, 매월 카드대금이 어느 정도 청구되는지 각자의 소비 규모를 체크해야 한다. 카드대금이 상대적으로 많이 나오는 사람들은 매월 1000만 원이 나올 수도 있고, 적게 나오는 사람이라면 100만 원 내외가 될 수도 있다. 이렇듯 개인별로 소비 금액은 정말 천차만별이기 때문에 월 평균 얼마라고 전 세대를 아울러 단정지을 수는 없지만, 일반적인 사회생활과 가정생활을 하는 사람이라면 평균 200만 원 내외가 나올 것이다. 사실 매월 다른 사람들이 얼마 정도의 카드를 쓰는지는 그렇게 중요한 게 아니다. 중요한 것은 나의 카드대금이 평균적으로 어느 정도 청구되는지다. 왜냐하면 내 카드대금 규모를 알아야 어느 정도를 매월 세이브할 것인지 정할 수 있기 때문이다.

보통 신용카드사에서 카드 상품을 출시할 때에는 그 전에 누적된 고객의 소비 데이터를 면밀하고 정확하게 분석한다. 그리고 새로 출시되는 카드의 발급 물량이나 이용 금액을 예상해 수익과 비용을 시뮬레이션해 신규 카드 상품의 손익률을 예측한다. 이 손익률에 따라 새로 출시될 카드 상품의 혜택 수준이 달라지게 되는 것이고, 실적 구간이 정해지는 것이며, 월 할인 한도 금액 또한 생성되는 것이다.

그럼 지금부터는 월 카드 소비 금액에 따라 매월 어느 정도의 할인을 받을 수 있을지에 대한 공식을 알아보자. 바로 카드 상품별 총 이용 금액에 대비해 각 얼마의 혜택을 받았는지의 비율을 계산해 보는 것인데, 이를 피킹률이라고도 부른다. 카드 상품별로 카드 혜택이 다르고, 사용하는 연령대와 사용처도 가지각색이기 때문에 피킹률은 카드 상품별로 정말 천차만별이다. 하지만 평균적으로 전월 실적이 30만 원 이상이었을 때 할인받을 수 있는 혜택의 합이 1만5000원 이상이면, 즉 피킹률이 5퍼센트 수준이라면 괜찮고 쓸 만한 카드라고 할 수 있다. 그럼 같은 1만5000원 이상이라도 어떻게 할인받는 것이 좋을까?

예를 들어 커피전문점에서 20퍼센트 할인을 받아 2000원, 교통비 10퍼센트 할인을 받아 5000원, 주유소에서 리터당 60~100원이 할인돼서 3000원, 이러한 형태로 다양한 업종에서 할인을 받은 금액의 합이 1만5000원 정도면 잘 받은 혜택이라 할 수 있을까? 다양한 생활 분야에서 할인되니 좋은 카드라고 볼 수도 있겠지만, 사실 전월 실적을 30만 원 정도로 유지하면서 월 1만5000원 수준의 할인을 받으려면 사실상 많은 금액을 사용해야 한다. 게다가 할인받은 매출이 전월 실적에 포함되지 않는다면 더욱 더 많은 금액을 사용해야 한다. 그렇기 때문에 다양한 생활 분야에서 할인이 된다고 해서 꼭 사용하기 좋은 카드라 할 수 없다. 왜냐하면 전월 실적 30만 원 기준으로 온갖 곳에서 할인이 되더라도 결국에 월 할인 한도 금액은 1만5000원이기 때문이다. 이게 무슨 뜻일까? 한번 이 카드와 반대의 경우를 생각해 보자. 할인이 적용되는 곳은 거의 없고, 한두 군데 업종에서만 높은 할인율이 적용된다면 어떨까? 더 쉽게 말해서 한 번의 결제로 1만5000원의 할인을 받을 수 있다면 굳이 커피전문점 20퍼센트 할인, 교통 10퍼센트 할인, 주유 리터당 60~100원 할인과 같은 상대적으로 작은 혜택을 신경 쓰면서 할인받을 필요가 있을까?

즉, 여러 곳에서 합산해서 1만5000원의 카드 할인을 받으나 한 군데에서 1만5000원 카드 할인을 받으나 결과적으로 할인 금액은 같은 것이다. 더 쉽게 표현하자면 A라는 사람은 커피, 교통, 주유 업종에서 할인받은 카드 혜택의 합이 1만5000원인 반면, B라는 사람은 통신비 자동이체 한 건으로 1만5000원의 할인을 받았다면 누가 더 카드를 잘 사용한 것이라고 할 수 있을까?

당연히 B라는 사람이 훨씬 스마트하게 카드를 사용한 것이라 할 수 있다. 게다가 A가 다양한 할인을 적용받았다는 것은 여러 군데에서 결제했다는 것을 의미하는 것이고, 그중 할인받은 대부분의 매출은 일반적으로 전월 실적에 포함되지 않을 것이기 때문에 카드 실적 역시 30만 원보다 훨씬 더 많은 금액을 사용하기 마련이다. 그렇기 때문에 작은 혜택을 다양하게 받는 것보다 한 가지 매출에 큰 할인을 제공해 주는 카드를 선택하는 것이 좋다고 할 수 있다. 또한 한 가지 카드를 30만 원보다 더 많은 금액을 써서, 즉 한 단계 실적 구간을 높여 60만 원의 카드 실적을 만들면 할인 한도가 올라간다. 하지만 이렇게 실적 구간을 높여 할인 한도 금액을 늘리기보다 해당 금액인 30만 원 정도를 다른 카드로 사용하는 편이 훨씬 효율적이다. 왜냐하면 전월 실적 상승 구간에 따라 늘어나는 월 할인 한도보다 다른 카드를 이용하는 쪽이 더 많은 할인을 받을 수 있기 때문이다. 그렇기 때문에 한 가지의 카드를 쓰기보다는 2~3장의 복수카드를 적절히 활용해 카드별 피킹률을 올리는 것이 현명한 카드 생활의 시작이라고 할 수 있다.

제휴 카드와 온라인 전용 카드를 주력으로 사용하라

그럼 한두 번의 결제로 1만5000원을 할인받을 수 있는 카드 종류에는 어떤 것들이 있을까? 이것에 대한 답은 제휴 카드라고 말할 수 있다. 특히 통신사 제휴 카드 혹은 가전이나 렌탈과 관련된 제휴 카드는 30만 원 실적 기준으로 자동이체 실적이 확인되면 약 1만5000원 내외의 할인을 제공하고 있다. 통신사 제휴 카드로 예를 들자면, 본인 혹은 가족의 핸드폰 요금을 해당 카드로 자동납부를 걸어 놓을 경우, 일반적으로 전월 실적이 30만 원이 넘는다면 1만5000원 정도의 금액을 매월 할인받을 수 있다. 또한 본인 혹은 가족이 이용하고 있는 렌탈 가전인 정수기나 공기청정기 등의 월요금 역시 자동 납부를 걸어 놓으면 상대적으로 높은 월 1만 5000원 내외의 금액을 매달 할인받을 수 있다. 그렇기 때문에 가지고 있는 여러 개의 카드 중에 한 개 정도는 이러한 특정 제휴 카드를 활용할 것을 권장한다. 이렇게 다양한 카드에서 할인을 받는 것보다, 한 개의 매출만으로 큰 할인을 받는 쪽이 피킹률이 높으므로 카드를 현명하게 잘 사용했다고 할 수 있다. 큰 할인을 제공해주는 제휴 카드의 최소 실적을 먼저 채우고 나서 다른 카드를 사용하는 소비 습관을 길러 본다면 더 효율적인 소비생활을 통한 더 큰 절약이 가능할 것이다.

제휴 카드를 제외하고도 가성비 높은 카드 역시 있다. 바로 온라인 전용 카드다. 온라인 전용 카드라는 것은 오로지 홈페이지를 비롯한 온라인, 모바일 환경에서만 신청이 가능한 카드를 뜻한다. 이것이 할인받을 수 있는 혜택과 무슨 관계가 있을까? 카드 상품을 출시할 때는 철저하게 손익률을 계산한다고 설명했었다. 이 손익률을 계산할 때는 카드 상품을 판매하는 채널에 소요되는 비용 역시 포함한다. 즉, 온라인 전용 카드는 온라인이나 모바일로만 카드를 고객에게 홍보하고 판매하기 때문에, 상대적으로 많은 비용이 소요되는 지점 유지비나 설계사 수당이 전혀 들어가지 않는다. 즉 해당 비용만큼 세이브할 수 있기 때문에, 그 부분을 카드 혜택으로 탑재가 가능하게 되는 것이다. 그래서 지점이나 설계사가 판매하는 카드 상품보다 오로지 온라인으로만 신청할 수 있는 인터넷 전용 카드를 잘 찾아서 활용할 필요가 있다. 왜냐하면 월 혜택이 오프라인에서 판매되는 카드보다 비교할 수 없을 만큼 크기 때문이다.

일반적으로 온라인 전용 카드는 전월 실적 30만 원 기준으로 월 3만 원 수준의 혜택을 받을 수 있다. 다만 이런 카드들 역시 한 번의 결제로 월 3만 원 수준의 금액을 할인해 주면 좋겠지만 제휴 카드와는 다르게 다양한 분야에서 할인율을 제공한다. 이해하기 쉽게 예를 들면 CGV 롯데시네마 50퍼센트 할인, 스타벅스를 비롯한 커피전문점 30~50퍼센트 할인, 소셜커머스 10퍼센트 할인, 통신 10퍼센트 할인, 교통 20퍼센트 할인 등 이러한 형태로 타 일반적인 신용카드 대비 높은 할인율을 제공한다. 일반적으로 영화를 관람하고 커피 한 잔만 마시더라도 50퍼센트의 할인이 적용되므로 두 명 기준의 가격으로 적용했을 때 약 2만 원 정도의 할인을 챙길 수 있다. 그리고 온라인으로 쇼핑할 때마다 물품 상관없이 10퍼센트씩 할인이 적용된다면 월 3만 원 이상의 할인 혜택은 쉽게 챙길 수 있다.

이렇듯 기본적으로 제휴 카드와 온라인 전용 카드를 잘 활용하여 많은 금액을 할인받을 수 있는데, 이때 가장 중요한 것이 본인의 월 소비 금액이다. 본인의 카드대금이 매월 평균적으로 어느 정도 나오는지를 체크해, 각 카드별로 필요한 금액만큼 나눠 복수의 카드로 소비생활을 해나간다면 생각보다 꽤 많은 금액을 쉽게 매월 세이브할 수 있다. 특히 최근에는 카드사가 운영하는 어플리케이션에 접속해 보면 내가 가지고 있는 카드를 이번 달에 얼마를 더 사용해야 다음달 카드 혜택이 유지되는지, 이번 달 총 얼마의 혜택을 적용받았는지, 그리고 남은 기간 동안 얼마나 혜택을 더 받을 수 있는지를 쉽게 조회할 수 있기 때문에 이런 서비스에 익숙해지고 또한 잘 활용할 필요가 있다.

증권사의 체크카드를 적극 활용하라

체크카드는 카드사 입장에서 보면 신용카드 대비 높은 수익을 낼 수 없는 금융 상품이다. 그 이유 중 하나는 체크카드는 연회비 수익을 낼 수 없기 때문이다. 신용카드는 카드 상품당 책정되어 있는 연회비를 1년에 한 번 고객에게 부과하지만, 체크카드는 별도의 연회비를 고객에게 부과하지 않는다. 두 번째, 체크카드는 ATM기를 이용할 수 있는 현금 입 · 출금 기능이 기본적으로 들어가기 때문에, 고객이 해당 입 · 출금 서비스를 이용할 때마다 해당 카드사에서 은행으로 수수료를 지불해야 한다. 고객 편의를 위해 필수적으로 제공하는 기본 서비스지만 카드사 입장에서는 상당히 부담되는 비용일 수밖에 없다. 마지막으로 가맹점으로부터 받는 카드 이용에 대한 가맹점 수수료가 신용카드에 비해 상당히 낮기 때문에 수익성 관점으로 보자면 크게 메리트가 없다. 하지만 많은 금융사가 체크카드 발급을 유도하고 회원을 모집하려고 치열한 경쟁을 벌이고 있다. 왜 그럴까? 바로 체크카드를 주력으로 쓰는 10대 혹은 20대인 학생에게 혜택이 좋은 카드를 제공해 고객의 소비 데이터를 확보하고, 추후 사회인, 즉 직장인이 되었을 때 자사의 신용카드를 지속적으로 이용하게끔 하려는 것이다. 장기 고객을 확보한다는 선 투자 개념으로 볼 수 있다. 다만, 당장에는 체크카드로 낼 수 있는 수익의 폭도 적고, 비용은 많이 들기 때문에 체크카드에 많은 혜택을 넣을 수 없는 것이 현실이다. 하지만 증권사에서 발행하는 CMA 체크카드는 유통계 및 은행계 카드사에서 발행하는 체크카드보다 월등히 높은 혜택을 제공하기 때문에 체크카드를 고를 때 꼭 증권사의 체크카드 리스트도 확인해 보자.

02

전직 카드사 직원이 추천하는 인기 신용 · 체크카드

매일 지출을 하지 않고 사는 사람이 있을까? 대부분의 사람들은 매일 카드를 이용해 수차례 결제라는 활동을 할 것이다. 식당, 카페, 영화, 쇼핑, 마트와 같은 오프라인에서의 소비부터 인터넷쇼핑과 같은 온라인에서의 소비까지, 이 대부분의 소비생활은 신용카드나 체크카드로 이루어지는 것이 일반적이다. 그렇다면 소비활동을 할 때, 지출해야 할 금액을 절약하려고 머리를 굴려본 적이 있는가? 사실 현실적으로 카드 혜택을 챙기려면 신경 써야 할 부분도 많고, 상대적으로 복잡한 면도 많기 때문에 별 생각 없이 카드로 결제하고 지나치는 경우가 많다. 그래서 지금부터는 이런 소비

생활에서 많은 혜택을 챙길 수 있는 가성비 좋은 신용카드와 체크카드를 소개하고자 한다.

20~30대 사회 초년생을 위한 추천 신용 · 체크카드

롯데카드의 라이킷온(Likit ON) 신용카드

이 카드는 롯데카드사의 금융 상품으로, 모바일 및 홈페이지에서만 신청할 수 있는 온라인 전용 신용카드다. 매월 3만5000원, 연간 최대 42만원 수준의 혜택을 볼 수 있으며, 요구되는 전월 실적은 30만 원으로 크지 않다. 특히 온라인쇼핑 및 소셜커머스, 오픈마켓 등 온라인으로 다양한 물품을 주문하는 사람들에게 상당히 많은 인기를 끌고 있는 카드이기도 하다. 참고로 롯데카드사의 금융 상품 중 비슷한 라인의 카드인 라이킷펀(Likit FUN) 신용카드 역시 큰 인기를 끈 카드였지만 20년도 9월 1일부로 발급이 전면 중단됐다. 이렇듯 인기 카드는 카드사 입장에서 보면 높은 비용이 들기 때문에 흥행하고 난 다음에는 보통 발급이 중단되기 마련이다. 발급이 중단된 다음에는 새로 발급을 받을 수 없으므로 혜택이 좋은 카드는 사용하지 않더라도 우선 발급을 받아 놓는 것도 좋은 방법이다.

▶ 상품 요약

1. 소셜커머스/오픈마켓 10퍼센트 결제일 할인
   1) 소셜커머스 : 쿠팡, 티몬, 위메프 10퍼센트 결제일 할인
      (일 1회 제공 / 월 1만 원 한도 내 제공)
   2) 오픈마켓 : 11번가, 옥션, G마켓 10퍼센트 결제일 할인
      (일 1회 제공 / 월 1만 원 한도 내 제공)
   3) 모든 온라인 이용 건 5퍼센트 결제일 할인
      (일 1회 제공 / 월 5000원 한도 내에서 제공)
      *온라인 할인 서비스는 소셜커머스, 오픈마켓 할인 서비스와 중복 적용되지 않으며 할인 금액이 더 큰 서비스를 우선 적용.
2. SKT, KT, LGU+ 통신요금 자동이체 시 10퍼센트 결제일 할인
   – SKT, KT, LGU+ 10퍼센트 결제일 할인
   (월 1회(최초 결제 접수 건) 제공되며 월 5000원 한도 내 제공)
   *통신요금 자동이체 연결 건에 한해 제공되며 인터넷/TV 등 결합상품 결제 건 및 알뜰폰은 할인되지 않음
3. 모든 해외 이용금액 5퍼센트 결제일 할인
   (일 1회 제공 / 월 5000원 한도 내 제공)

체크사항

– 연회비 : 국내전용 및 해외겸용(MASTER) 1만 원
– 전월 실적 30만 원 이상 이용 시 위의 할인 서비스가 제공됨
– 할인이 적용된 매출은 카드 실적에 포함되지 않음
– 국세 · 지방세 · 공과금 · 건강보험 · 국민연금 · 고용보험 · 산재보험 · 장애인 고용 부담금, 기프트 · 선불카드 충전 구매, 상품권 구매, 단기카드대출(현금서비스), 장기카드대출(카드론), 연회비, 이자, 각종 수수료는 카드 실적에 포함되지 않음 (아파트관리비는 카드 실적에 포함됨)
– 기타 세부 내용은 롯데카드 홈페이지 참고
– 내용 출처 : 롯데카드 홈페이지

NH농협카드의 라이언치즈 체크카드

이 체크카드는 출시된 지 3주 만에 10만 장이 발급되며 전 세대에 걸쳐 큰 인기를 끌었다. 특히 치즈 농장 '농부 라이언'이라는 NH농협카드만의 스토리를 카카오 대표 캐릭터에 입혀 디자인적으로도 많은 사랑을 받고 있다. 또한 생활 전반에 걸쳐 다양한 카드 혜택이 적용될 뿐만 아니라 요일별로 달라지는 포인트 적립률로 고객에게 새로운 경험을 제공하고 있다.

▶ **상품 요약**

1. 요일에 따른 0.5~1.0퍼센트 적립
   - 싱글치즈(Single Cheezzz) : 월~금 0.5퍼센트 NH포인트 적립
   - 더블치즈(Double Cheezzz) : 토~일 1.0퍼센트 NH포인트 적립

구분	대상 업종 및 가맹점
커피	스타벅스, 투썸플레이스, 커피빈
편의점	CU, GS25
영화	GCV, 롯데시네마, 메가박스
온라인 쇼핑	G마켓, 11번가, 쿠팡, 티몬, 농협몰
배달앱	배달의민족, 요기요

2. 요일과 상관 없는 1.5퍼센트 적립
 – 트리플치즈(Triple Cheezzz) : 월~일 1.5퍼센트 NH포인트 적립

구분	대상 업종 및 가맹점
교통	지하철, 시내/마을버스, 택시, SRT, KTX, 시외/고속버스, 쏘카
해외	해외 일시불
자기계발	종합스포츠센터/요가/수영/문화센터 업종 어학시험 : 토익(스피킹), 텝스, JPT, KPE
서점	교보문고, 영풍문고, 반디앤루니스, 예스24, 알라딘, 인터파크도서
공연/전시	인터파크티켓
H & B	미용업종, 올리브영, 랄라블라

3. 보너스 적립
 – 보너스치즈(Bones Cheezzz) : 유튜브, 넷플릭스, 유료어플리케이션 결제 5퍼센트 NH포인트 적립

체크사항
- 연회비 없음
- 싱글치즈, 더블치즈, 트리플치즈라는 그룹으로 혜택이 제공됨
- 싱글치즈, 더블치즈는 전월 실적 20만 원 이상 시 혜택이 제공되며, 트리플치즈, 보너스치즈는 전월 실적 30만 원 이상 시 혜택이 제공됨
- 할인이 적용된 매출은 카드 실적에 포함되지 않음
- 대학(대학원)등록금, 교육비(학부모 부담금), 임대료, 국세, 지방세 및 공과금, 사회보험(국민건강/국민연금/고용/산재), 아파트관리비, 도시가스요금, 전기요금, 상품권 및 선불카드류 구매(충전 포함), 단기카드대출(현금서비스), 장기카드대출(카드론), 할부 및 SMS 수수료 등, 이자 및 연체료, 연회비, 거래취소 금액, 포인트(전부/일부) 결제 시 포인트 사용분 등의 이용 금액은 카드 실적에 포함되지 않음
- 기타 세부 내용은 NH농협카드 홈페이지 참고
- 내용 출처 : NH농협카드 홈페이지

교보증권의 윈케이(Win.K) 체크카드

이 카드는 교보증권의 CMA 체크카드로 현존하는 체크카드 중

가장 가성비가 좋다. 교보증권 지점에 방문해서 신청할 수도 있고, 교보증권 전용 앱을 이용해서 비대면으로도 신청이 가능하다. 체크카드임에도 신용카드 수준의 할인 혜택을 제공하고 있어 많은 사람들에게 인기를 끌고 있다. 특히 가장 매력적인 점은 체크카드이기 때문에 연회비가 없다는 점과 높은 연말정산 소득공제를 받을 수 있다는 점, 그리고 할인받은 매출 모두 전월 카드 실적에 포함해 주므로 카드 실적을 채우는 데 전혀 부담감이 없다는 점을 꼽을 수 있다. 다만 입 · 출금 서비스는 제휴된 우리은행 ATM기를 통해 정해진 시간 내에서만 무료로 이용이 가능하다.

▶ 상품 요약

1. 학원비 10퍼센트 할인
   – 국내 전 학원업종 / 5만 원 이상 결제 시 / 월 할인 한도 1만 원
2. 주유 리터당 100원 할인
   – SK, S-Oil, GS칼텍스, 현대오일뱅크 / 5만 원 이상 결제 시 / 월 할인 한도 1만 원
3. 서점 10퍼센트 할인
   – 교보문고, 핫트랙스, 영풍문고, 반디앤루니스 / 5000원 이상 결제 시 / 월 할인 한도 5000원
4. 응시료 10퍼센트 할인
   – 토익, 텝스, HSK, 온라인시험접수 / 5000원 이상 결제 시 / 월 할인 한도 5000원
5. 커피 10퍼센트 할인
   – 스타벅스, 커피빈, 투썸플레이스, 카페베네, 이디야커피, 엔제리너스, 파스쿠치 / 5000원 이상 이용 시 / 월 할인 한도 5000원
6. 편의점 10퍼센트 할인
   – CU, GS25, 세븐일레븐, 이마트24, 미니스톱 / 5000원 이상 이용 시 / 월 할인 한도 5000원
7. 통신비 10퍼센트 할인
   – SKT, KT, LG U+ / 3만 원 이상 이용 시 / 월 할인 한도 3000원

체크사항

- 연회비 없음
- 전월 실적 30만 원 이상 시 혜택이 제공됨
- 할인이 적용된 매출도 카드 실적에 포함됨
- 기타 세부 내용은 교보증권 홈페이지 참고
- 내용 출처 : 교보증권 홈페이지

삼성카드의 탭탭(Tap Tap) O 카드

이 카드는 삼성카드사의 인기 금융 상품으로, 모바일 및 홈페이지를 통해서만 신청할 수 있다. 매월 최대 3만 원, 연간 36만 원의 포인트 혜택을 받을 수 있으며, 전월 실적으로 30만원을 요구하기 때문에 부담이 크지 않다. 통신비 10퍼센트, 대중교통 10퍼센트, 스타벅스 50퍼센트, 커피전문점 30퍼센트, 쇼핑 7퍼센트, 편의점 7퍼센트 등 생활에 밀착된 혜택을 주고 있어서 많은 인기를 끌고 있다. 특히 고정된 혜택이 아닌, 자신의 소비 패턴에 맞춘 맞춤혜택을 설정할 수도 있다. 카드 신청 시 옵션 패키지를 선택할 수 있는데, 패키지1~6 중에 선택하는 종류에 따라 스타벅스나 커피 전문점, 그리고 쇼핑 업종에서의 할인 및 적립률이 달라진다. 그러므로 나에게 가장 맞는 패키지를 선택해 할인과 혜택을 극대화할 수 있다.

▶ **상품 요약**

1. 라이프스타일 패키지
   1) 쇼핑 7퍼센트 결제일 할인 및 1퍼센트 적립
   2) 커피 30퍼센트 또는 50퍼센트 결제일 할인
   ※ 할인한도
   – 쇼핑 업종 월 5000원 / 커피 업종 월 1만원
   – 적립한도 : 없음
   ※ 매월 옵션 패키지 변경 가능
2. 대중교통 / 택시 10퍼센트 결제일 할인
   – 대중교통 : 버스, 지하철(후불교통 기능 선택 시 제공되며, 시외 · 고속버스 제외)
   – 할인 한도 : 통합 월 5000원
   – 발급월+1개월 전월 이용 금액 관계없이 제공
3. 이동통신요금 10퍼센트 결제일 할인
   – SKT / KT / LG U+ 이동통신 요금 자동납부 시 10퍼센트 결제일 할인
   – 할인 한도 : 월 5000원
   – 발급월+1개월 전월 이용금액 관계없이 제공되며, 카드 자동납부 연결 필수
4. CGV/롯데시네마 5000원 결제일 할인
   – 영화티켓 1만 원 이상 결제 시 5000원 결제일 할인
   – 통합 일 1회 / 월 2회 / 연 12회 제공
   (연 기준 1.1~12.31)
   – 발급월+1개월 전월 이용 금액 관계없이 제공되며, 연 12회 이용 한도에 포함

체크사항

– 연회비 : 국내 전용 및 해외 겸용(MASTER) 1만 원
– 전월 실적 30만 원 이상 시 할인 및 적립 혜택 제공
– 홈페이지 및 앱을 통해서만 신청 가능
– 무이자 할부 이용 시 할인 혜택이 적용되지 않음
– 할인 혜택이 적용된 이용 금액, 국세, 지방세, 공과금, 아파트 관리비, 대학 등록금, 대중교통, 택시, 상품권 구매, 선불카드 충전 건은 전월 이용 금액 산정 시 제외
– 적립 제외 대상 : 법인공용카드, 무이자할부, 다이어트할부, 삼성카드 할인이 적용된 일시불 및 할부 이용 금액, 고용/산재보험 및 장애인 고용부담금, 국세/지방세/공과금, 대학등록금, 택시, 고속버스(차내 단말기 및 고속버스 앱 결제), 고속도로 통행요금, 모바일 티머니, 선불카드 충전(삼성유포인트카드, 삼성전자 멤버십 BLUE 삼성선불카드, 삼성올앳카드 등), 이마트 이클럽, 문자알림서비스, 스마트오토서비스 이용금액
– 기타 세부내용은 삼성카드 홈페이지 참고
– 내용 출처 : 삼성카드 홈페이지

30~50대 직장인 및 부모님 추천 신용카드

KB국민카드의 이지픽티타늄카드

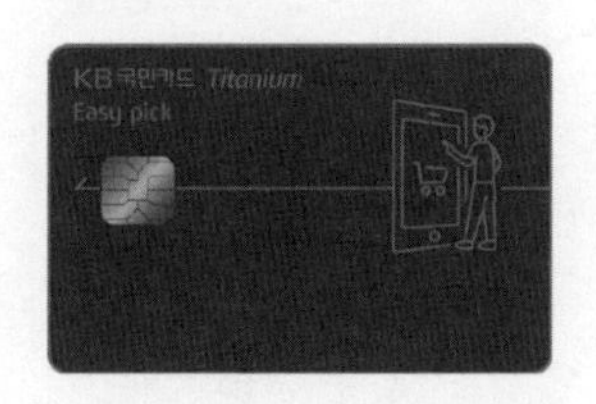

이 카드는 생활 전반에 다양한 혜택을 제공하면서도 특히 내가 원하는 할인을 선택할 수 있다는 점에서 많은 인기를 얻고 있다. 그리고 전월 실적이 높으면 높을수록 할인 한도 내에서 더 적립받을 수 있으며 적립 받은 매출 역시 카드 전월 실적에 포함되기 때문에 카드 실적을 매월 쌓는 것에 대한 복잡함도 없으며, 많은 금액을 사용해야만 할 것 같은 부담도 없는 편이라 할 수 있다.

구분		포인트리 적립률	전월 이용 실적에 따른 월 포인트리 적립 한도		
			50만 원 이상	100만 원 이상	150만 원 이상
Easy 서비스	인터넷쇼핑몰/배달앱	5퍼센트	5000점	1만 점	1만2000점
	대형마트	5퍼센트	5000점	1만 점	1만2000점
	주유소/충전소	5퍼센트	5000점	1만 점	1만2000점
	피트니스	5퍼센트	5000점	1만 점	1만2000점
Pick 서비스	선호영역(택1)	5퍼센트	5000점	1만 점	1만2000점
Basic 서비스	대중통신/이동통신	5퍼센트	5000점		
	인터넷쇼핑몰 앱카드 결제	5퍼센트	5000점		
	정수기 렌탈 자동납부	5퍼센트	5000점		
티타늄 서비스	공항/호텔 발레파킹, 공항 라운지 등	–	전월 이용실적 30만 원 이상 시		

Pick 서비스 : 소셜커머스, 온라인서점, 홈쇼핑, 백화점, 제과/아이스크림, 커피, 편의점, 차량정비, 학원, 독서실/서점, 학습지/문구, 골프

체크사항

– 연회비 : 국내전용 및 해외겸용(MASTER) 3만 원
– 적립이 적용된 매출도 카드 실적에 포함됨
– 무이자 할부 및 상품권/선불카드 구입과 충전금액은 적립서비스에 포함되지 않음
– 전월 실적 제외 대상
취소금액, 단기카드대출(현금서비스), 장기카드대출(카드론), 국세, 지방세, 공과금(전기/수도), 아파트관리비, 정부지원금(보육료/유치원보조비/바우처 이용금액 등), 초/중/고등학교 납입금 전체(수업료/교육비/현장학습비/급식비), 대학(대학원)등록금, 4대 보험료(건강, 연금, 고용, 산재), 각종 수수료 및 이자, 연체료, 연회비, 상품권 및 선불카드 구입 및 충전 금액
– 기타 세부 내용은 KB국민카드 홈페이지 참고
– 내용 출처 : KB국민카드 홈페이지

KB국민카드의 Miz&Mr 티타늄카드

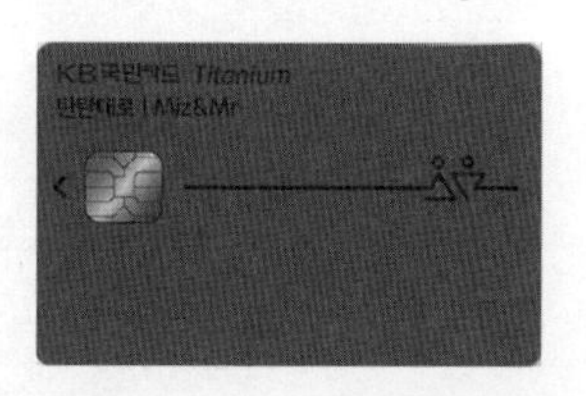

이 카드는 리터당 100원의 주유 할인뿐 아니라 비교적 자주 가는 미용실을 이용할 때도 20퍼센트의 할인을 제공한다. 월 40만 원 실적 기준으로 매월 8만 원의 할인을 받을 수 있는 만큼 상대적으로 높은 혜택을 제공하는 카드다. 또한 전월 실적이 80만 원으로 올라가면 더 높은 할인 한도를 부여받을 수 있어 월 할인 금액이 대폭 상승한다. 다만 이지픽티타늄카드와 다르게 할인받은 매출 실적이 모두 인정되는 것은 아니란 점은 아쉽다. 다음의 표에서 제공되는 두 가지 큰 서비스 분류 중에 Trendy 서비스 탭에서 할인받은 매출은 실적에 포함되지 않는다는 점을 주의하면 더 효율적으로 카드를 사용할 수 있다.

서비스구분		할인율	전월이용실적에 따른 월 할인 한도		비고
			40만 원 이상	80만 원 이상	
Trendy 서비스	미용/화장품/스포츠/골프/결혼서비스/가전	20퍼센트	1만5000원	2만 원	실적유예
	SPA패션/식품배송/인테리어	20퍼센트	1만5000원	2만 원	실적유예
Daily 서비스	커피/베이커리/아이스크림(건당 2만 원 이상)	10퍼센트	1만 원	1만5000원	실적유예
	대중교통/택시	10퍼센트	1만 원	1만5000원	실적유예
	주유	100원/L	1만 원	1만5000원	실적유예
	백화점/편의점	10퍼센트	1만 원	1만5000원	실적유예
	대형마트/약국	5퍼센트	1만 원	1만5000원	실적유예
티타늄 서비스	K-WORLD 티타늄 발레파킹, 공항라운지	발레 월 3회, 연 12회/라운지 일 1회, 연 2회 (전월 실적 30만 원)			실적유예 없음
	미스터 티타늄 발레파킹, 공항라운지	발레 월 3회, 연 12회/라운지 일 1회, 연 2회 (전월 실적 30만 원)			실적유예 없음

체크사항
- 연회비 : 국내전용 및 해외겸용(MASTER) 3만 원
- 적립이 적용된 매출도 카드 실적에 포함됨
- 무이자 할부 및 상품권/선불카드 구입과 충전금액은 할인서비스에 포함되지 않음
- 전월 실적 제외 대상
  취소금액, Trendy 서비스로 할인받은 매출건, 단기카드대출(현금서비스, 장기카드대출(카드론), 각종 세금 및 공과금, 아파트관리비, 정부지원금, 대학(대학원) 등록금, 각종 수수료 및 이자, 연체료, 연회비, 상품권 및 선불카드 구입/충전금액, 무승인전표(교통요금, 자판기, 터널통행료, 항공기 이용 등)
- 기타 세부 내용은 KB국민카드 홈페이지 참고
- 내용 출처 : KB국민카드 홈페이지

학생들을 위한 교통카드(광역알뜰교통카드)

2019년도 전국 시범사업을 거쳐 2020년 1월부터 본격적으로 시행된 광역알뜰교통카드를 아는 사람이 있을까? 아마 많은 사람들이 평소 사용하던 신용카드를 찍고 지하철을 타고 있을 것이다. 하지만 이 카드는 교통에서 혜택을 원하는 사람에게 어필하는 정말 큰 매력 포인트가 있다. 교통비는 사람에 따라, 그리고 거주하는 지역에 따라 당연히 천차만별이지만 서울에 거주하는 사람이라면 평균적으로 6~8만 원 정도 비용이 나오고, 경기와 서울을 왕복하는 사람이라면 평균 13만~15만 원 정도까지 나온다. 이렇게 매월 고정적으로 발생하는, 아낄 수 없는 꽤나 부담되는 금액 중의 하나가 바로 교통비다. 광역알뜰교통카드는 이와 같은 사람들의 교통비 부담을 절감해주고자 네 가지 키워드를 바탕으로 정부에서 시행하는 사업으로 교통요금을 최대 30퍼센트까지 절감할 수 있는 혜택을 제공한다. 그렇기 때문에 광역알뜰교통카드를 적절하게 사용하면 교통비를 많이 절약할 수 있다.

우선 이 카드는 자가용 사용을 줄여 경제적 편익을 증대시키고, 이를 통해 배기가스 배출량을 줄여 환경적 편익을 이뤄내고, 동시에 교통 혼잡을 줄여 교통사고 비용을 절감함으로써 사회적 편익을 이뤄내고, 마지막으로 도보와 자전거 등 신체활동을 늘림으로써 체지방을 감소시켜 다이어트와 신체 건강에 대한 편익까지, 네

마리의 토끼를 동시에 잡고자 시행된 사업이다. 이러한 목적으로 시행되는 광역알뜰교통카드는 우선 신한, KEB하나, 우리은행의 신용카드나 체크카드 이렇게 총 6종으로 발급이 가능하다. 대상 지역 거주자(주민등록기준)만 신청이 가능하다는 점은 불편하지만 점차 가능한 지역을 늘려나가고 있는 상황이다.

또한 별도의 마일리지 제도를 운영해 출발지부터 승차까지, 혹은 하차부터 도착지까지의 거리가 800미터였을 경우를 기준으로, 2000원 미만이면 250원, 2000~3000원이면 350원, 3000원 이상이면 450원의 마일리지가 지급되기 때문에 추가적인 혜택을 볼 수 있다. 보통 한 번 지하철이나 버스를 탈 때의 비용이 일반적으로 2000원 미만이기 때문에 출근 때 약 250원, 퇴근 때 약 250원. 이렇게 하루에 약 500원의 돈을 세이브할 수 있는 데다가 카드 자체에서 대략 10퍼센트 할인도 들어가기 때문에 추가로 교통비를 절감할 수 있는 것이다. 이 마일리지를 얻으려면 별도의 앱을 설치해야 하는데, 월 15회 이상 대중교통을 이용해야 지급이 되고, 미세먼지 저감조치가 발령된 때는 두 배로 지급되니 이런 점도 잘 활용하면 좋다. 출퇴근 시마다 앱에 접속해서 출발 및 도착했다고 버튼을 눌러줘야 거리를 계산해서 적립이 되는 구조로 되어 있는 점은 조금 귀찮지만, 이 정도 노력도 없이 돈을 절감하겠다는 생각은 해서는 안 될 것이다. 광역알뜰교통카드 홈페이지(www.alcard.kr)를 통해 관련된 다양한 정보를 찾을 수 있으니 참고하길 바란다.

〈마일리지 적립〉

교통요금 지출금액	2000원 이하	2000~3000원	3000원 초과
마일리지 적립액	250원	350원	450원

※ 적립상한 : 44회 / 출발+승/하차 + 도착거리를 800미터를 기준으로 함
※ 월 15회 이상 대중교통 이용시 지급 / 미세먼지 저감조치 발령시 표 금액의 2배 지급

누구든지 전월 실적 조건 없이 쓸 수 있는 신용 · 체크카드

카드를 사용하다 보면 항상 해당 카드 상품의 전월 실적이라는 부분에서 발목을 잡힌다. 전월 실적이 30만 원인 경우를 예를 들어 보자. 카드에 따라 조금은 다를 수도 있지만 대부분 전월 실적 산정일은 1일부터 말일까지로 되어 있다. 간혹 카드결제대금이 청구되는 날을 기준으로 카드 실적 산정 기간으로 계산하는 경우도 있지만 1일부터 말일까지를 카드 실적 구간으로 삼는 경우를 살펴보자. 분명히 한 달간 30만 원의 카드 실적을 채웠다고 생각했지만 막상 카드 할인이 적용되지 않을 때가 많이 있었을 것이다. 그 이유는 각 카드별로 전월 실적을 산정할 때 제외되는 매출이 다 다르기 때문이다. 가장 대표적으로 전월 실적으로 인정되지 않는 매출은 국세, 지방세 같은 세금이나, 아파트 관리비, 공과금 같은 매출

들이다. 이런 매출을 모든 카드가 실적으로 인정하지 않는 것은 아니다. 그렇기에 전월 실적을 계산하다가 정말 헷갈리는 상황에 처하는 경우가 많다. 최근에는 카드사별 앱이 잘 만들어져 있어 앱에서 카드 실적을 어느 정도 더 채워야 하는지, 얼마의 할인을 더 받을 수 있는지 쉽게 조회할 수 있지만 사실 매번 앱에 들어가서 체크하는 것도 보통 불편한 일이 아니다. 이런 불편함을 없애고자 많은 사람들이 전월 실적 없이 마음대로 쓰면서 쓰는 대로 적립이나 할인받는 카드를 선호하기도 한다. 여기서 전월 실적 조건 없이 마음 편하게 쓸 수 있는 카드 몇 가지를 소개하고자 한다.

신한 심플플러스 신용카드

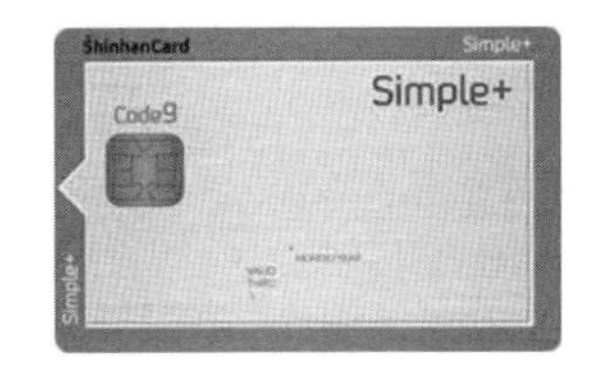

전월 실적 조건 없이 쓸 수 있는 카드로 신한 심플플러스 신용카드를 대표적으로 꼽을 수 있다. 연회비는 국내전용 1만 원 / 해외겸용 1만3000원으로 상대적으로 저렴한 편이며 혜택 역시 심플하게 설계돼 있다. 특히 모든 이용가맹점에서 0.7퍼센트 캐시백이 적용되는 혜택은 합리적인 소비를 가능하게 한다. 또한 매월 나가는 통신사 요금을 이 카드로 자동이체를 시켜놓으면 0.7퍼센트의 캐시백을 한 번 더 해주기 때문에 통신비는 1.4퍼센트의 캐시백을 받는 셈이 된다. 전월 실적이 없는데 이 정도의 캐시백률이면 상당히 좋은 카드에 속한다고 할 수 있다. 게다가 혜택이 여기서 끝이 아니라 이 카드만이 가지고 있는 큰 특징이 한 가지 있다. 바로 잔돈 할인 서비스다. 잔돈 할인 서비스가 무엇일까? 잔돈 할인 서비스란 자주가는 생활 친화 가맹점에서 건당 2만 원 이상 10만 원 미만을 결제할 경우, 1000원 미만 결제 금액을 할인해 주는 서비스를 말한다. 예를 들어 2만900원을 결제했다고 가정하면 900원을 할인해 주는 서비스다. 또한 3만950원을 결제했다면 950원이 할인된다. 10만5900원을 결제했다면 900원이 할인되지 않는다는 점은 한 번 더 체크하길 바란다. 10만 원 미만 결제 건에 대해서라는 조건이 있기 때문이다. 그렇다면 잔돈 할인 서비스가 적용되는 생활 친화 가맹점에는 어떤 업종이 있을까? 생활 친화 가맹점에 포함되는 업종으로는 해당 카드사에 등록된 음식점, 편의점, 할인점, 슈퍼마켓, 병원, 동물병원, 약국, 주요 카페와 베이커리 업종이 있다. 이 잔돈 할인 서비스는 한 달에 10번까지 적용되기 때문에 사실 상 999원씩 10번을 할인받을 수 있는 것이다. 할인 횟수인 10번을 다 쓴 경우, 결제한 금액이 2만 원 미만이거나 10만 원 초과 결제 건인 경우, 그리고 잔돈 할인 서비스가 적용되지 않는 결제건의 경우에는 0.7퍼센트 캐시백 서비스가 그대로 적용된다.

구분	혜택 및 제공조건
전 가맹점	0.7퍼센트 캐시백 캐시백 제외 : 잔돈 할인 서비스 적용된 매출, 무이자할부, 현금서비스, 카드론, 연회비, 각종수수료, 이자, 지방세, 포인트사용분, 선불/기프트카드 충전구매 금액
이동통신 요금	0.7퍼센트 추가 캐시백 (총 1.4퍼센트 = 0.7퍼센트+0.7퍼센트) SKT, KT, LG U+ 이동통신 자동이체 시
잔돈할인	2만 원 이상~ 10만 원 미만 결제시 1000원 미만의 결제금액 할인 잔돈 할인 대상 가맹점 : 음식점, 편의점, 할인점, 슈퍼마켓, 병원, 동물병원, 약국, 커피/베이커리(스타벅스, 커피빈, 던킨도너츠, 카페베네, 파리바게뜨, 뚜레주르) 횟수 한도 : 월 10회 서비스 제외 대상 : 요양병원, 온라인할인점
기타	전월 실적 조건 없음 연회비 국내 1만 원 / 해외 1만3000원

네이버페이우리체크카드

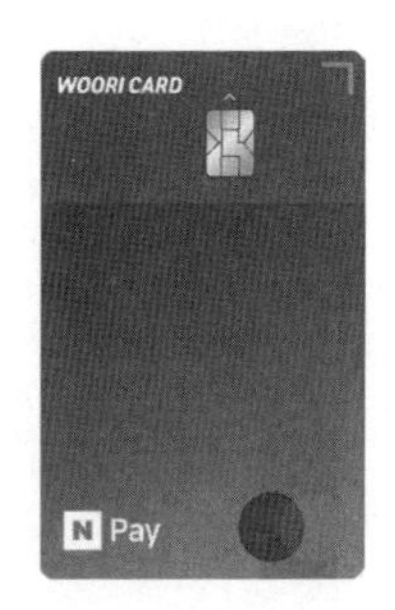

전월 실적 없이 편하게 쓸 수 있는 체크카드로는 네이버페이우리체크카드를 대표적으로 꼽을 수 있다. 이 카드 역시 전월 실적 조건 없이 혜택이 제공되기 때문에 사실상 주로 쓰지 않더라도 발급을 받아 놓으면 이득을 쏠쏠하게 볼 수 있다. 신용카드보다 체크카드 소득공제율이 훨씬 높기 때문에 일반적으로 신용카드 실적을 다 채우고 난 후, 추가적인 결제 금액은 체크카드로 결제해 주는 습관을 들이면 좋다. 혜택 역시 전월 실적 없고, 체크카드인 점을 감안하면 심플하고 강력한 편이라 할 수 있다. 혜택을 구체적으로 살펴보면 국내 및 해외 이용 금액에 대해 각 1.0퍼센트가 적립되고, 월 적립 한도는 각 1만 원으로 총 2만 포인트씩 매월 적립해 나갈 수 있다. 다만 이 카드는 체크카드임에도 불구하고 5000원의 연회비가 부과된다는 점이 단점이지만, 전월 실적 조건 없이 이 정도의 혜택이 있는 카드라면 충분히 지불하고 사용할 만한 가치가 있는 카드다.

구분	혜택 및 제공조건
국내 전 가맹점	1퍼센트(월 적립 한도 1만 포인트)
해외 전 가맹점	1퍼센트(월 적립 한도 1만 포인트)
기타	전월 실적 조건 없음 체크카드지만 연회비 5000원 부과

롯데 엘페이 신용카드

롯데카드는 일반적으로 롯데포인트가 적립되는데, 롯데포인트는 1포인트당 1원으로 인정되기 때문에 현금 교환 비율이 좋은 편이다. 또한 적립된 포인트는 전 롯데 계열사에서 사용이 가능하고, 현금으로 캐시백도 받을 수 있으며, 이 포인트로 카드대금을 결제할 수도 있는 등 사용하는 면에서 편의

성이 굉장히 높다. 그렇기에 전월 실적 조건 없는 롯데 엘페이 신용카드를 사용하면, 모든 매출에 상대적으로 높은 포인트를 적립할 수 있어 효과적이다. 엘페이 롯데카드의 혜택은 전월 실적에 상관없이 모든 결제 건에 1퍼센트를 적립해 주고, 엘페이로 결제하면 2퍼센트를 적립해준다. 참고로 결제금액 상관없이 2퍼센트를 적립해 준다는 것은 엄청난 적립률이라 할 수 있다. 연회비는 국내전용 9000원/해외겸용 1만 원이며, 엘페이 롯데카드로 롯데 계열사에서 롯데카드로 결제하는 경우 카드에서 적립해 주는 포인트와 별도로 계열사 자체적으로 추가 롯데포인트 적립이 이루어진다. 또한 롯데카드는 오프라인이나 온라인의 유통 관련된 곳에서 회원중심의 프로모션을 많이 진행하기 때문에 한 개쯤 보유하고 있으면 5퍼센트 청구할인이나 상품권 프로모션, 생필품 이벤트 등 부가적인 혜택을 더 많이 볼 수 있다는 점이 또 다른 장점이다.

구분	혜택 및 제공조건
전 가맹점	1퍼센트
엘페이 결제	2퍼센트
기타	전월 실적 조건 없음 (월 적립한도 30만 포인트) 연회비 국내 9000원 / 해외 1만 원

신용카드를 만들면 10만 원을 준다?

신용카드도 필요하고 체크카드도 필요한데, 도대체 카드는 어디에서 그리고 누구를 통해 만드는 것이 좋을까? 이런 궁금증은 카드를 한두 개쯤 필요로 하는 사람이라면 한 번쯤 가져 봤을 법하다. 과거에는 단순하게 카드 설계사가 추천해 주는 카드를 만들었다면, 최근에는 대형 포탈에서 할인율이 높은 카드나 자신의 소비 패턴과 비슷한 카드를 검색한 후 해당 카드 홈페이지에서 발급받는 사람들이 많아지는 추세다. 물론 후자가 이상적이라고 할 수 있지만 비슷하면서도 다른 경로인, 대형 핀테크 같은 회사와 카드사가 함께 진행하는 이벤트를 통해 카드를 발급받는 것을 추천한다.

네이버페이나 토스처럼 회원수가 대규모인 핀테크 사에서 상시적으로 진행하는 각 카드사의 프로모션을 활용한다면 적어도 한 카드사당 10만 원 이상의 혜택은 쉽게 볼 수 있기 때문이다. 홈페이지에서 카드를 신청하는 경우와 이런 이벤트를 통해 카드를 신청하는 경우를 비교하면 똑같은 카드를 신청하더라도 받을 수 있는 이벤트 혜택이 달라진다. 일반적으로 홈페이지에서 카드를 신청하면 연회비 무료 정도의 혜택을 받지만, 해당 핀테크사와의 제휴 이벤트를 통해 카드를 신청하면 어느 정도의 이용 조건하에서 10만 원 상당의 캐시백은 쉽게 받을 수 있다. 필요한 카드를 신청하고, 그 카드로 소비하면서 카드 자체의 할인 혜택도 보고, 추가로 10만 원 이벤트 캐시백 금액까지 받는다면 이보다 더 좋은 카드 발급 루트가 있을까? 향후 카드가 필요하다면 카드 발급 이벤트와 프로모션을 꼼꼼히 살펴보고 발급받아 조금 더 높은 혜택을 챙기는 습관을 길러 보길 바란다.

카드 실적을 쉽게 채우는 방법이 있다?

신용카드나 체크카드의 카드 할인을 적용받으려면 해당 카드의 전월 실적을 채워야 한다는 말을 많이 들어 봤을 것이다. 실제 대부분의 카드가 전월 실적 30만 원이라는 조건을 내세운다. 이 뜻은 카드별로 정해져 있는 전월 실적 산정 기간 내에 카드 실적으로 인정되는 매출을 합계한 실적이 30만 원 이상이었을 때, 해당 카드 상품에 탑재돼 있는 할인 혜택을 그대로 제공해 준다는 뜻이다. 여기에서 중요한 것은 '카드 실적으로 인정되는 매출을 합계한 실적'이라는 부분이다. 똑같은 30만 원을 쓰더라도 그 매출이 카드 실적으로 인정되지 않는 매출이라면, 30만 원을 넘게 사용했더라도 결국 전월 실적 30만 원을 채우지 못하게 되는 것이다. 이런 인정되지 않는 매출 때문에 카드 실적을 채우기가 어렵고 헷갈린다. 하지만 카드사 입장에서는 혜택을 제공한다는 것은 비용을 쓴다는 것이므로 '카드 실적으로 인정되지 않는 매출'이라는 조건은 유지할 수밖에 없다. 그럼 우리는 이 부분에 어떻게 현명하게 대응할 수 있을까?

바로 카드 실적을 쉽게 채우는 방법을 활용하는 것인데, 대표적으로 어떤 방법이 있는지 살펴보자. 가장 쉬운 방법은 매월 나가는 고정비를 카드로 자동납부 하는 것이다. 예를 들어 보험료, 통신요금, 공과금(가스비, 전기세 등)과 관리비 같은 매출이 대표적이라고 할 수 있다. 특히 요즘에는 카드로 자동납부가 안 되는 것이 없을 만큼 각 사별로 전산 구축 및 연동이 잘돼 있기 때문에 이런 고정비로 소요되는 비용들을 카드로 결제하면 걱정없이 카드 실적도 채우고 혜택도 쉽게 적용받을 수 있게 된다. 다만 아파트관리비 혹은 국세, 지방세 같은 매출은 실적으로 인정하지 않는 카드 상품이 많기 때문에 반드시 실적 인정 여부를 체크하고 자동이체를 등록해야 한다. 해당 매출을 카드 실적으로 인정하지 않는 카드 상품에 자동이체를 걸면 매출을 공허하게 날리는 셈이기 때문이다.

또한 최근에는 연금보험과 같은 금융 상품임에도 카드 납입이 가능한 상품이 드물게 있다. 많은 사람들이 은퇴 후의 삶을 불안해해서 연금보험 상품 같은 금융 상품을 한 개 정도는 가입한다. 그렇기 때문에 이런 연금보험 상품을 카드 납입으로 대체한다면 매월 카드 실적을 정말 수월하게 채워나갈 수 있다. 카드 납부가 가능한 연금보험 중 대표적으로 KB생명보험의 'KB계획이 다 있는 연금보험'이라는 금융 상품이 있다. 국내 연금보험 상품 중 최초로 카드 납입을 가능하게 한 상품으로 KB생명보험 홈페이지나 앱을 통해 쉽게 가입할 수 있다. 이렇게 카드로 납입한 연금보험 금액은 카드 실적으로 인정될 뿐 아니라, 포인트가 적립되는 카드로 결제한다면 포인트 적립률 혜택까지 받을 수 있다. 굉장히 큰 메리트다. 예를 들어 포인트 적립률이 2.0퍼센트인 카드 상품을 소지하고 있고 이 카드로 해당 연금상품의 월 납입금을 결제한다고 가정해 보자. 연금보험을 납입하면서 받을 수 있는 연금보험 혜택에, 추가로 카드로 납부한 금액의 2.0퍼센트를 포인트로 한 번 더 적립받는 것이다. 특히 같은 KB계열인 KB국민카드로 보험료를 자동이체 하면 이는 매월 진행하는 프로모션에 따라 달라질 수 있지만, KB국민카드 신규 회원이라면 카드 연회비 3만 원까지 할인받을 수 있다. 그렇기 때문에 이렇게 연금보험 상품을 가지고 있다면 현금으로 납부하지 말고 카드를 적극적으로 활용해 주는 것이 유리하다. 이것이 바로 돈을 효율적으로 활용하는 것이다.

05

할인형 카드와 포인트적립형 카드를 이해해 보자

대부분의 사람들은 지갑 속에 몇 장의 카드를 소지하고 다닌다. 특히 카드로 결제하는 문화가 발달한 한국에서 이러한 모습은 아주 일반적이며 자연스럽다. 그리고 하루에도 몇 번씩 그 카드로 편리한 소비생활을 하면서 살아간다. 이 부분에서 조금 특이한 현상을 발견할 수 있는데, 다음 예시를 통해 할인형 카드와 포인트 적립형 카드를 세부적으로 알아보자.

사람들은 매월 근로에 대한 급여를 수령한다. 물론 사람마다 하는 업무가 다르기 때문에 급여 수준도 천차만별이다. 하지만 개인적으로 얼마의 급여를 받든, 대부분의 사람들은 급여의 일부분을 때 저축이라는 금융 생활을 하기 마련이다. 특히 많은 사람들이 0.1퍼센트라도 높은 금리를 주는 금융 상품(예/적금 등)에 가입하려고 정보 싸움을 하기도 한다. 수없이 비교한 끝에 조금이라도 높은 금리를 주는 월 50만 원짜리 적금을 가입했다고 가정해 보자. 좋은 상품에 가입했더라도 사실 사회 초년생 기준으로 한 달에 50만 원 수준의 금액을 매월 모으기란 쉽지 않은 일이다. 가입 금액이 더 크면 해당 적금 상품을 유지하기는 어려워질 것이다.

반면 한 달에 50만 원 수준의 금액을 매월 소비하기는 어렵지 않다. 생활비, 공과금, 교통비, 식비, 통신비 등 매월 소비되는 금액은 매월 저축되는 금액보다 월등이 많다. 하지만 신기하게도 많은 사람들이 우리가 수령하는 급여에서 많은 구성비를 차지하는 소비 부분은 절약과는 크게 상관 없다고 생각한다. 지출은 당연히 나가야 하는 돈이며, 줄일 수 없는 것이라 생각하기 때문일 것이다. 그리고 아이러니하게 같은 50만 원이라도 저축할 때는 조금이라도 높은 이자를 기대한다. 바로 이것이 앞서 기술한 특이한 현상이다.

매월 납입금액 50만 원 1년 만기로 연이율 5퍼센트 적금에 가입하면 원금 600만 원에 세전이자 9만7500원, 이자과세 1만5015원이 적용돼 실제로 수령하는 금액은 608만2485원으로 약 8만2485원의 이자 금액이 발생한다. 하지만 매월 수령하는 급여를 쪼개 월 50만 원의 적금에 가입하는 것과 이를 만기까지 유지하는 것은 쉬운 일이 아니기 때문에 역시 8만2485원의 이자를 받는 것도 쉬운 일만은 아니다. 살다 보면 갑자기 급전이 필요해서 가입한 적금을 해약해야 하는 경우도 많이 있기 때문이다. 이자를 받는 것은 오로지 적금을 1년간 유지했을 때만 가능하다.

반면, 매월 50만 원씩 소비되는 금액을 절약하는 방법은 아주 쉽다. 생활비, 공과금 등을 매월 지출해야 하는 비용을 내는 카드만 바꾸면 되기 때문이다. 예를 들어 1.5퍼센트만 세이브(포인트적립, 캐시백, 청구할인 등)되는 카드를 사용하더라도 연간 약 9만 원의 금액을 아낄 수 있다. 이를 '소비 적금'이라고 말한다.

〈적금과 소비 적금의 비교〉

구분	원금금액	비율	효과금액	비고
적금	연600만(월50만)	5퍼센트(연이율)	8만2485원	어려움
소비적금	연600만(월50만)	1.5퍼센트(적립률)	9만 원	쉬움

소비 적금은 장기간 유지할 필요도 없으며 매번 결제 건별로 이율이 적용되는 개념이다. 그렇기 때문에 내 소비 금액이 커질수록, 적립 혹은 캐시백이 높게 되는 카드를 사용할수록 이득을 보는 금액은 더욱 더 커진다. 또한 이런 소비 적금에 할인형 카드까지 접목한다면 수만 원에서 수십만 원 이상의 금액을 세이브하 것도 가

능하다. 똑같은 돈을 사용해도 카드라는 것 하나만 잘 쓰면 이렇게 가치의 차이가 나게 되는 것이다

그럼 할인형 카드와 포인트 적립형 카드는 무엇일까? 지금부터 구체적으로 알아보자. 신용카드는 크게 할인형 카드와 포인트 적립형 카드로 분류할 수 있다. 이는 어떤 카드사의 카드를 쓰더라도, 그리고 어떤 은행 계열의 카드를 쓰더라도 동일한 구조다. 할인형 카드라는 것은 예를 들면, 마트 10퍼센트, 온라인 결제 5퍼센트, 교통 10퍼센트, 관리비 5퍼센트 이러한 형태로 특정 업종의 결제 건에 높은 할인율을 적용해주는 카드를 말한다. 그렇기 때문에 내가 자주 이용하는 소비 내역에 높은 비율의 할인이 적용되는 카드를 사용하면 많은 혜택을 쉽게 볼 수 있다는 것이 장점이다. 반면 카드 할인이 해당되지 않는 업종에서 결제를 하면 할인이 하나도 적용되지 않는 것은 단점이다. 즉, 특정 업종의 할인에 집중된 카드라 할 수 있다.

포인트형 카드는 특정 업종에 대해 높은 비율로 할인해 주는 것이 아니라, 업종에 상관없이 모든 결제 건에 적정 수준의 포인트를 적립해 주는 카드를 말한다.

〈할인형 카드 vs 포인트 적립형 카드〉

구분	할인 내용
할인형 카드	마트 10퍼센트, 온라인 쇼핑 5퍼센트, 교통 5퍼센트, 통신 10퍼센트 등 특정 업종 높은 할인 제공
포인트 적립형 카드	업종 상관없이 모든 결제 건당 포인트 적립 혹은 캐시백

즉, 할인형 카드는 똑같은 30만 원을 사용했더라도 내가 어디에서 쓰느냐에 따라 혜택의 수준이 달라지는 반면, 포인트형 카드는 어디에서 쓰든지 동일한 포인트가 적립된다. 한 가지 예를 들어보자. A라는 사람은 업종과 상관없이 1.0퍼센트를 적립해 주는 포인트형 카드를 가지고 있고, B라는 사람은 마트에서 5퍼센트 할인을 해주는 할인형 카드를 가지고 있다. A는 30만 원을 어디에서 사용하더라도 3000원의 포인트를 적립할 수 있다. B는 30만 원을 백화점에서만 사용했다면 0원의 할인을 받는 것이므로 A와 비교해 3000원의 손해를 보는 것이지만, 오히려 마트에서만 사용했다면 총 1만5000원을 할인받을 수 있기 때문에 4배(1만2000원)의 이익을 보는 것이다.

이렇듯 내가 가지고 있는 카드가 할인형 카드라면 그 카드에서 할인을 제공해 주는 소비 건에 대해서는 높은 할인을 받으면서 많은 이득을 볼 수 있다. 특히 한 달에 소비하는 금액이 커질수록 할인 금액도 높아지는 것을 스스로 조절해 가면서 절약 금액을 늘릴 수 있다. 하지만 이런 계산이 어렵고 복잡한 사람에게는 오히려 방해가 될 뿐이다. 할인형 카드 사용이 어려운 사람은 포인트형 카드를 사용해 안전하게 세이브할 수 있다. 이렇듯 자기의 소비 성향과 소비 습관을 파악한 후 먼저 할인형 카드를 고를 것인지, 포인트형 카드를 고를 것인지를 정해야 한다. 할인형 카드에는 수백 가지 종류가 있으며, 할인의 내용 역시 셀 수 없이 다양하다. 그렇기 때문에 수백 개의 할인형 카드 중에서 어떤 카드를 선택하는 것이 좋을지는 비교해 봐야 한다. 그리고 포인트 적립형 카드는 카드의 설계가 비교적 단순하게 되어 있기 때문에 상대적으로 낮은 전월 실적과 높은 적립률을 제공하는 카드 중에서 고르면 된다. 특히 전월 실적 제한 없이 모든 결제 건에 적립되는 카드가 있다면 하나쯤 소지하고 있는 것이 좋다. 이렇듯 카드를 선택할 때는 카드를 발행하는 회사나 그 카드의 혜택을 먼저 보는 것이 아니라 나의 소비 습관과 소비 성향을 먼저 파악하는 것이다. 그것이 파악된 이후, 즉 나는 할인형 카드가 적합할지, 포인트형 카드가 적합한지 파악한 후 해당 카드 분류(적립형 vs 포인트형)를 선택해야 한다.

나는 신용카드를 써야 할까? 체크카드를 써야 할까?

나에게 맞는 카드는 신용카드일까, 체크카드일까? 이 질문에 대한 답을 찾기 전에 내 자격부터 검증해 보아야 한다. 신용카드라는 것은 본인의 신용도 한도 내에서 일종의 외상거래를 할 수 있게 해주는 카드라고 볼 수 있다. 즉, 신용도에 따라 그 한도 금액은 높게 설정될 수도 있고 낮게 설정될 수도 있으며, 외상거래 자체가 불가할 수도 있다. 즉 신용카드 발급이 되지 않을 수도 있다는 말이다.

신용카드사별로 신용카드를 발급해주는 기준은 가지각색이지만 공통된 기준을 살펴보면, 매월 근로를 통해 일정한 소득을 받고 있으면 보통 신용카드 발급이 가능하다. 또한 일정 금액 이상의 재산세를 납부하고 있거나, 일정 금액 이상의 예금을 특정 기간 동안 보유한다거나, 배우자 자격 등 다양한 자격으로 신용카드 발급이 가능하다. 즉, 이러한 발급 기준에 부합한다면 신용카드를 만들 수 있는 것이다. 반면에 체크카드는 신용도를 기준으로 한 거래가 아닌, 통장에 들어 있는 잔고 내에서 결제가 이루어지는 카드이기 때문에 신용도에 상관없이 나이 요건만 맞는다면 누구나 다 발급받을 수 있다.

그럼 어떤 카드를 만드는 것이 현명할까? 정답은 신용카드와 체크카드를 전략적으로 잘 배분해 가면서 사용해야 한다는 것이다. 그 이유는 각 카드의 장점이 다르기 때문이다. 신용카드는 매년 연회비가 발생하지만, 잘만 사용한다면 연회비의 수 배 이상 혜택은 받을 수 있기 때문에 발급이 가능한 사람이라면 반드시 잘 활용해야 하는 금융 상품이다. 특히 신용카드의 가장 큰 장점은 무이자할부 거래다. 똑같이 30만 원을 지불해야 하는데 한 번에 지불하는 방식과 10만 원씩 3개월에 걸쳐 지불하는 방식이 있다면 당연히 후자를 선택하는 것이 경제적인 측면에서 유리하다.

체크카드는 연회비가 없는 카드이므로 신용카드에 비해 카드 자체의 혜택은 적다. 반면 일종의 외상거래를 하지 않기 때문에 소비를 확실히 적게 하게 되며, 소득공제율 역시 신용카드와 비교했을 때 두 배나 높기 때문에 현명한 소비자는 신용카드 필수 실적을 채우고 난 다음에 체크카드로 남은 한 달을 마무리하는 경향이 있다. 개인적으로 아주 현명한 소비 습관이라고 생각한다.

구분	신용카드	체크카드	비고
연회비	O	X	-
혜택수준	높음	낮음	-
연말정산(소득공제)	15퍼센트	30퍼센트	정책에 따라 변동 가능
기타 사항	합리적 소비	제한된 소비	병행 필요

주로 신용카드를 사용하고, 더 이상 신용카드 실적이 필요 없으면 남은 날짜 동안 체크카드를 사용하는 것이 좋기 때문에 전월 실적이 있는 체크카드는 권장하지 않는다. 실적을 채우지 못하는 달이 자주 생길 수도 있기 때문에, 전월 실적을 요구되지 않으며 결제하는 건은 모두 포인트로 적립되거나 전액 캐시백이 되는 체크카드를 선택하는 것이 현명하다. 특히 은행 및 카드사를 제외한 증권사에서도 CMA 체크카드를 만들 수 있기 때문에 다양한 금융기관의 상품들을 잘 비교해 보고 가장 높은 적립률과 허들이 적은 카드를 선택하자.

신용카드는 신용도를 정말 나쁘게 할까?

신용카드는 개인의 신용도를 바탕으로 발급되는 금융 상품이다. 그럼 신용도는 어떻게 측정될까? 우리나라에는 신용정보를 조회하고 평가하는 회사가 여럿 존재한다. 가장 대표적인 기업으로 KCB(Korea Credit Bureau)와 나이스평가정보를 꼽을 수 있는데, 이러한 회사에서 금융거래(대출, 신용거래 등)를 기반으로 개인별로 신용 점수를 매겨 신용도를 평가한다. 각 카드사에서는 카드를 신청한 개인에게 동의를 받아 개인의 신용을 조회한다.

이러한 과정을 거쳐 신용카드가 발급되면 실제 나의 신용 점수가 떨어지는데 왜 그럴까? 그 이유는 신용도를 담보로 내가 가용

할 수 있는 수단이 늘어났기 때문이다. 그 수단이라는 것을 활용해서 얼마나 돈을 쓸 것이며, 얼마나 연체 없이 카드대금을 잘 상환할 것인지 아직 검증이 되지 않은 것이다. 그렇기 때문에 신용카드라는 수단을 발급해 주되, 점수나 등급은 소폭 하락할 수 있는 것이다. 반면 새로 발급받은 신용카드를 꾸준히 사용하면서 연체 없이 잘 상환했다고 가정해 보자. 그렇다면 이 사람의 신용도는 아예 신용카드 거래를 하지 않는 사람에 비해 어떨까? 아예 신용카드를 사용하지 않는 사람이라면 그 사람에 대한 직접적인 신용평가가 어렵지만, 반면에 신용카드를 만들어 연체 없이 꾸준히 상환을 하는 사람이라면 신용도는 오히려 점점 높아지게 된다. 한도를 늘려줘도 잘 갚을 사람이라고 믿는 것이다.

즉, 처음에 신용카드를 만들 때는 신용조회 및 신용한도 부여 등 때문에 신용 점수가 소폭 하락할 수 있으나, 연체 없이 꾸준히 신용카드를 사용한다면 오히려 만들기 전보다 신용도를 더 높아진다. 그렇기 때문에 '신용카드를 많이 가지고 있으면 신용도가 낮아진다'는 소리는 크게 신경 쓰지 않아도 된다. 오히려 앞서 기술한 대로 신용카드를 잘 활용한다면 나의 신용도는 높아진다. 특히 요즘에는 다양한 핀테크 어플리케이션(카카오페이, 토스 등)을 통해 나의 신용 등급이 몇 등급이고, 신용 점수는 몇 점이며, 이것이 전체 대비해서 몇 퍼센트 구간대에 분포하고 있는지도 쉽게 조회가 가능하다. 그렇기 때문에 신용카드를 추가로 만든다거나, 신규로 소액 대출을 신청한다거나 할 때 해당 어플리케이션으로 자신의 신용도를 잘 체크하면서 금융 생활을 해나간다면 신용도 관리에 많은 도움을 받을 수 있다.

08

카드 재테크란 결국 이런 것!

결론적으로 학생 때는 체크카드를, 직장인이 되어서는 신용카드를 주로 사용하는 것이 일반적인 소비 형태다. 체크카드는 잔액 내에서 결제가 이루어지기 때문에 카드사 입장에서는 별도의 리스크가 없어 쉽게 발급해 주지만, 신용카드는 신용거래를 기반으로 하기 때문에 카드 소지자가 부도가 날 경우 카드대금을 회수하지 못할 위험이 있으므로 고정적인 소득이 있는 사람을 대상으로만 발급해 준다.

지금까지 살펴보았듯이 체크카드를 사용하든, 신용카드를 사용하든 각 카드가 가지고 있는 혜택을 잘 이용하는 것이 중요하다.

똑같은 소비를 하더라도 카드를 어떻게 사용하느냐에 따라 할인 금액이 연간 수십에서 수백만 원이나 차이가 날 수 있다. 또한 카드를 어떻게 만드느냐에 따라 추가적으로 포인트 등 금전적 이득까지 더 챙길 수 있다는 점도 기억해야 한다. 매일 하는 소비를 더 편하게 해주는 체크카드와 신용카드, 이제부터라도 정확히 알고, 제대로 사용해서 많이 세이브할 수 있는 도구로 활용하길 바란다.

신용·체크카드 관련 Q/A

신용카드를 사용하다 보면 궁금한 점이 참 많이 생긴다. 카드사 직원으로 근무했었을 때 다양한 사람들에게 자주 받았던, 카드 사용과 관련된 질문을 정리해 놓았으니 참고하기 바란다.

Q 카페 할인이 되는 카드로 카페에서 결제하면 카드 실적에 포함되나요?

A 이 부분에 정답은 세모다. 즉, 카드 실적으로 인정될 수도 있고, 안 될 수도 있기 때문이다. 많은 사람이 '카드 실적으로 인정이 안 되는 거 아니야?'라고 생각하는데, 사실 안

되는 게 맞긴 하나 실적으로 인정이 되게 할 수도 있다. 예를 들어 커피 업종에서 50퍼센트 할인되는 카드를 가지고 있고 할인 한도가 5000원이라고 가정해 보자. 내가 만약 1만 원을 결제한다면 5000원이 할인될 것이고, 월 할인 한도도 다 소비하게 된다. 그리고 그 이후에 카페에서 결제하면 카페에서 할인되는 카드이지만, 월 할인 한도를 다 소진해서 이번 결제 건은 할인을 받지 않았기 때문에 카드 실적에 포함된다. 그럼 만약 내가 9000원을 결제해서 4500원을 할인받고, 그 다음날에 또 1만 원을 결제했다고 가정해 보자. 이 경우 그 다음날 1만 원 결제 건에 대해 남은 할인 한도였던 500원이 자동으로 할인된다. 그런데 이 결제 건은 500원이라도 할인받은 건으로 분류되기 때문에 1만 원을 결제했지만 카드 실적으로 산정이 되지 않는다. 반면 1만 원이 아니라 1000원을 결제하고 나서 9000원을 결제했다면 첫 1000원에서 50퍼센트 할인인 500원이 할인돼 한도가 다 소진되고 그 다음 9000원의 결제는 할인이 들어가지 않기 때문에 실적으로 인정된다. 내 결제 건이 할인을 받았느냐 안 받았느냐만 생각하면 카드 실적을 계산할 때 많은 도움을 받을 수 있다.

연회비는 어떻게 계산되나요? 카드별로 내나요?

연회비는 신용카드에 대해 1년에 한 번 부과되는 일종의 카드 서비스 비용이다. 그만큼 할인 혜택을 제공받은 서비스의 대가라고 할 수도 있다. 그럼 연회비는 어떻게 청구될까? 특히 여러 개의 카드를 가지고 있다면 연회비는 어떻게 부과될까?

연회비는 크게 일반 연회비와 제휴 연회비로 구성된다. 한 카드사의 카드 네 가지를 가지고 있다고 가정해서 연회비를 계산해 보자.

구분	총연회비	일반 연회비	제휴 연회비
카드A	1만 원	5000원	5000원
카드B	2만 원	5000원	1만5000원
카드C	5만 원	1만 원	4만 원
카드D	35000원	1만5000원	2만 원

연회비가 청구되는 구조는 간단하다. 우선 가지고 있는 카드 중에 가장 높은 일반 연회비 한 개와 가지고 있는 카드들의 모든 제휴 연회비를 합산해서 청구된다. 즉, 일반 연회비 중 가장 높은 금액인 카드 D의 일반 연회비 1만5000원과 카드 A~D의 제휴 연회비인 '5000원+1만5000원+4만원+2만 원' 이렇게 총 9만5000원이 청구된다. 하지만 많은

사람들이 총 합계인 11만5000원이 청구되는 걸로 잘 못 알고 있는데, 소지하고 있는 카드별로 모든 연회비를 다 내는 것은 아니다. 혹시 복수의 카드를 들고 있다면 청구된 카드 내역서를 살펴보자. 이 설명이 쉽게 이해될 것이다.

가족카드를 써도 할인이 되나요?

가족카드는 보통 신용카드 발급 자격을 충족하지 못하는 가족원(배우자, 혹은 학생인 자녀 등)에게 신용카드를 발급해주는 것을 뜻한다. 그래서 생각보다 많은 사람이 가족카드를 발급받고 있으며, 가족의 명의로 카드를 사용하고 있는 상황이다. 이렇게 가족카드를 발급받은 가족원이 사용하는 결제 건은 신용 명의자의 카드 명세서에 포함되며, 카드 할인 역시 동일한 원래 카드의 혜택을 따라가게 된다. 다만 카드가 두 개라고 각각 할인 한도가 생성되는 것이 아니라, 카드는 두 개지만 명의는 한 명에게 발급된 것이기 때문에 카드 한 개분의 할인 한도가 적용되는 것이며, 그 할인 한도를 두 개의 카드로 나눠쓰는 것이다. 즉, 내 명의의 카드 한도가 1만 원이라면, 내가 가족카드로 두 개를 발급하더라도 가족카드와 본카드의 할인 한도는 합산 1만 원인 것이다. 각각 할인 한도를 받으려면 본인 명의로 카드를 발급받아야 한다. 특히 배우자 자격을 활용해 본인 명의의 신용카드를 발급받으면 할인 혜택을 더욱 효과적으로 이용할 수 있다. 학원비를 결제할 때 일반적으로 활용하는 방법이다. 월 할인 한도가 1만5000원인 학원비 10퍼센트 할인카드로 학원비 30만 원을 결제해야 하는 상황을 가정해 보자. 본인의 신용카드로 15만 원을 결제해서 10퍼센트인 1만5000원을 할인받고, 배우자 카드로 15만 원을 결제해서 10퍼센트 1만5000원의 할인을 한 번 더 받으면 총 3만 원의 할인을 매달 챙길 수 있다. 이 방법은 앞서 기재한 대로 각자의 신용으로 발급받았을 경우다. 만약 가족카드로 발급을 받았다면 배우자와 분할 결제를 하더라도 총 1만5000원만 할인받을 수 있다. 즉, 나의 신용으로 가족카드를 만들어줄 경우에는 할인 한도가 합산돼서 적용되지만, 가족원이 나의 신용을 자격으로 삼아 직접 만들 경우에는 가족원의 개인카드로 발급되는 것이므로 할인이 각각 들어가는 것이다. 이 차이를 잘 이해해야 한다. 더 쉽게 표현하면 신용카드를 만들 때 자격 구분을 선택하게 되어 있는데 이 부분을 배우자 자격으로 기재하고 발급받으면 본인의 신용 명의로 발급이 되는 것이다. 가족카드와 비슷하지만 본인 명의로 발급되느냐, 가족 명의로 발급이 되느냐는 카드 혜택 여부를 구분하는 중요한 기준이 되고 이는 할인으로 직결되는 것이기 때문에 이 점을 잘 참고해야 한다.

보통 사람들은 보험을 몇 개나 가입하고 있을까? 대학교를 졸업하고 사회인이 되기 전까지는 많은 사람들이 부모님이 어렸을 때 가입해준 실비보험 정도만 가입한 상태일 것이다. 그렇기에 직장 생활을 하면서 보험비를 납부하는 것이 부담 아닌 부담으로 다가온다. 특히 나이를 먹을수록 실비보험만이 아니라 암보험, 상해보험, 생명보험, 자동차보험, 연금보험 등 가입해야 할 보험 상품이 늘어난다. 또한 매년 갱신되는 보험료에, 가입한 상품만 세 개 이상이라면 매월 수십만 원의 금액을 보험료로 지출하게 된다. 결국 적은 월급에 커져가는 보험료 탓에 생활마저 쪼달리게 되면, 들었던 보험을 손해 보면서 해약을 하게 된다. 그러고 또 몇 년이 지나 생활이 안정되면 다시 보험을 하나 가입하는 악순환이 반복된다. 이번 파트에서는 매월 고정적으로 나가는 보험료를 어떻게 관리해야 할지 알아본다.

Part 2

매월 나가는 보험료, 이렇게 관리하세요!

친척이 보험 하나 들어 달라는데 어떻게 할까요?

많은 사람들이 보험료에 부담을 느끼기 시작하는 이유는 딱 하나다. 아직 필요 없는 보험을 가입했기 때문이다. 어리석은 사람도 아닌데 왜 필요 없는 보험을 들었을까? 이유는 간단하다. 명절이나, 제사 등 많은 친척이 모이면 다양한 보험 상품에 대한 이야기가 오고 가기 때문이다. 특히 보험 플래너를 하시는 친척분이 계시다면 취업도 했으니 보험 설계가 필수라며 많은 제안을 했을 것이다. 그 설명을 들어 보면 필요는 해 보이고, 어차피 들어야 할 보험이니 친척에게 하나 가입해 주지, 하는 마인드로 선심을 쓰듯이 가입해 주었을 것이다. 친척이 어렵게 권유하는 보험을 거부하기가 힘들었을지도 모른다. 신용카드를 권유받는 경우에는 연회비도 1만 원 안팎이라 감당할 만하며, 필요 없어졌을 때 해지하면 그만인 데다가, 그나마 납부한 연회비 또한 환불받으면 되기 때문에 크게 부담이 없었을 것이다. 반면 보험은 매월 돈이 나가며 금액 또한 한두 푼이 아니라 상당히 크다. 또한 한두 달 납부하다 끝나는 것이 아니라 적어도 10년 이상 장기간 내야 하며, 특히 가입 도중 해약하면 냈던 돈을 그대로 받지 못하게 된다. 갱신형 보험이라면 매년 인상되는 금액까지 결과적으로 많은 손해를 보게 되므로 보험 가입은 카드 가입보다 열 배 이상 신중하게 생각해야 한다.

그런데 살아가면서 어차피 필요한 보험, 아는 사람에게 가입하는 것이 반드시 틀린 말은 아니라고 할 수도 있다. 하지만 똑같은 보장을 해주는 보험을 온라인을 통해 가입하는 경우와 설계사 채널을 통해 가입하는 경우를 비교해 보면 월 보험료는 당연히 설계사 채널을 통해 가입하는 쪽이 비싸기 마련이다. 보험이 몇 년 주기로 갱신되는 상품이라면, 기간이 지날수록 매월 납부해야 하는 금액은 설계사를 통해 가입한 상품이 높아진다. 그 이유는 보험료의 일부로 설계사의 수당을 주기 때문이다. 그렇기 때문에 보험은 주변의 권유보다 나에게 필요한 보험을 직접 조회해 보고 온라인 다이렉트 같은 상품을 통해 저렴하게 가입하는 것이 좋다. 보험료를 저렴하게 시작하면, 향후 보험료가 갱신되더라도 그 상승 폭이 상대적으로 낮기 때문이다.

보험은 주변 사람에게 단순히 하나 가입해 주는 것이 아니다. 내 건강이 악화돼 돈을 벌지 못하는 상황에 왔을 때를 대비해 가입하는, 나의 미래를 대비하는 보장 상품이다. 필요 없다면 단호하게 거절해야 하며, 필요하다면 합리적으로 가입해야 한다. 정에 이끌려 가입하다 보면 결국 3년을 채 못 가서 해약하게 되며, 그에 따라 많은 금액을 손해 본다. 지금 가입하고 있는 보험을 살펴보자. 가입하고 있는 보험들, 인터넷으로 비교해 보고 온라인으로 직접 가입했는가? 아마 그런 사람은 거의 없을 것이다. 대부분 지인을 통해 가입했을 것이고, 그만큼 매월 더 비싼 금액을 지불하고 있을 것이다.

그렇기 때문에 앞으로 보험은 꼭 온라인을 통해 본인이 직접 비교해 보고 가입하는 것을 추천한다. 그 이유는 앞으로 가입해야 할 보험도 상당히 많기 때문이다.

이렇게 인생을 살아가는 데 반드시 필요한 것이 보험인데, 내 보험 포트폴리오는 어떻게 구성하는 것이 좋을까? 종류도 수백 가지이고, 보장 내용도 월보험료도 천차만별인데 보험 셋팅은 어떻게 해야 이상적인지 하나씩 알아가 보자.

02

실비보험 A부터 Z까지!

일반적으로 어렸을 때부터 가입하는 보험 상품이 바로 실비보험(실손보험)이다. 그 이유는 부모님들이 자녀가 어렸을 때 가입해 주기 때문이다. 실제로 우리 국민 중 3400만 명 이상이 가입한 상태로 제2의 국민건강보험이라고 불리기도 하다. 실비보험은 실제 내가 사용한 병원비를 기준으로, 가입 시점에 보험상 계약된 자기공제금을 제외하고 대략 약 80~90퍼센트를 돌려받을 수 있는 보험이기 때문에, 사실상 거의 필수 보험이라 할 수 있다. 간혹 주변에 본인이 건강하다는 이유로, 그리고 병원을 잘 가지 않는다는 이유로 실비보험에 가입하지 않는 사람들이 종종 있는데, 실비보험을 가입하지 않는다면 언젠가 갑작스럽게 큰 병원비를 지불해야 하는 일이 생길 지도 모른다. 그렇다면 지금부터 실비보험이 무엇인지 자세히 알아보자.

실비보험은 큰 암이나 질병에 걸렸을 때 몇 천만 원 수준의 진단금이 나오는 개념이 아닌, 앞서 기술한 대로 실제로 내가 사용한 병원비를 기준으로 자기부담금을 공제한 나머지 금액을 지원받는 구조로 되어 있는 보험이다. 개인의 입장에서는 무조건 가입해야 할 필수 보험이라 할 수 있지만, 반대로 보험회사 입장에서는 굉장히 비용이 많이 드는 보험 상품 중 하나다. 이유는 간단하다. 고객들이 납부한 총 보험료보다 보험료로 고객에게 돌려주는 금액이 더 큰 경우가 다반사이기 때문이다. 그래서 매년 실비 보험료 인상에 대한 기사가 나오는 것이다. 하지만 이상하게도 많은 사람들이 실비보험을 가입했지만, 사실상 남들이 가입했으니까 가입한 경우가 많아서 정확히 어떤 내용을 보장해 주는지, 어떤 상황에서 돈을 청구해서 지원받을 수 있는지, 보험비를 어떻게 청구해서 받을 수 있는지 등을 모르는 사람이 의외로 많다. 다시 말하면 청구해서 받을 수 있는 보험비가 있음에도 불구하고, 어떻게 청구하는지 모르거나, 받을 수 있다는 것 자체를 모르고 넘어가는 경우가 많다는 것이다.

실비보험을 이해하려면 여섯 가지의 기준을 정확하게 알아야 한다. 먼저 우리가 병원을 가는 이유는 큰 관점에서 본다면 아파서 병원을 가거나, 다쳐서 병원을 가거나 이렇게 두 가지다. 아파서 병원을 가는 것을 질병이라고 하고, 다쳐서 병원을 가는 것을 상해라고 한다. 그리고 병원을 가면 우리는 치료나 진단을 받는데, 이 역시 큰 관점에서 두 가지로 분류된다. 병원에서 당일 치료하고 집으로 오는 것을 통원치료라고 하고, 며칠간 병원에서 치료하는 것을 입원치료라고 한다. 정리하자면 질병으로 인한 통원치료와 입원치료가 있고, 상해로 인한 통원치료과 입원치료가 있다. 그리고 질병으로 병원을 가든, 상해로 병원을 가든 약을 처방받는 경우가 있는데 이를 약제비라고 한다. 그럼 질병으로 병원에 갔을 때의 경우가 총 세 가지로 나뉘고, 상해로 병원에 갔을 때의 경우가 총 세 가지로 나뉜다. 이렇게 실비는 크게 여섯 가지로 구분되고 이 기준만 알면, 더 이상 알아야 할 것은 없다고 할 수 있다.

내가 병원을 어떤 이유로 갔느냐에 따라, 어떤 항목에 해당되는지가 결정되는 것이다. 그리고 보험비를 청구를 했을 때 그 항목을 담당하는 담당자가 배정되고 지급이 이루어지는 프로세스로 이루어져 있다.

지급이란 내가 가입한 실비보험에서 보장해 주는 금액을 내가 설정한 계좌로 받는 것을 뜻한다. 보통 가입 시점에 따라 보험에서 보장하는 내용이 다르기는 하지만, 본인의 정확한 보장 내용을 알

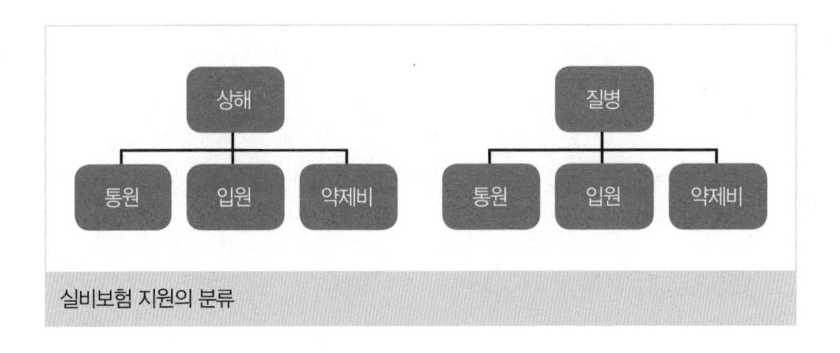

실비보험 지원의 분류

고 싶은 사람은 가입한 보험회사에서 교부한 보험증권에 구체적으로 나와 있으니 그것을 보면 되며, 보험증권이 없는 사람은 가입한 보험회사의 고객센터에서 내려받거나 메일로 쉽게 받아볼 수 있으니, 꼭 받아서 구비해 놓기를 권장한다. 또한 보험회사 앱을 이용해도 바로 조회가 가능하다.

일반적인 실비보험의 보장 내용을 한번 살펴보자. 실비보험을 어느 시점에 가입했느냐에 따라 보장 내용이 다를 수 있지만, 일반적으로 질병이나 상해로 인한 통원치료는 보장 한도가 일 25만 원이다. 쉽게 말하자면 내가 병원에 가서 통원치료를 받고 병원비로 낸 금액 중에 자기공제금을 빼고 25만 원까지 보장해 주겠다는 뜻이다. 질병 입원은 하루 이상 입원 시 입원으로 간주되고 90퍼센트가 지급된다. 입원치료는 자기공제금이 정액으로 정해져 있지 않고 정률로 지급되며, 일반적으로 지급받을 수 있는 연간 한도는 5000만 원이며, 상해 입원도 지급비율 및 공제비율 그리고 연간 한도가 동일하다. 1년이 지나면 5000만 원의 지원 한도 금액은 얼마를 보상받았는지와 상관없이 리셋된다는 점도 알아두기 바란다. 입원치료는 한도가 넉넉한 편이기 때문에 한도가 부족하다는 이유로 청구한 금액을 받지 못하는 경우는 사실상 드물다.

마지막으로 질병으로 병원을 갔는데 약처방을 받아서 약을 지었을 경우, 약제비 한도는 일 5만 원이다. 약값이 1만 원이 나왔다면, 자기공제금을 제외한 금액을 청구해서 받을 수 있다는 것은 쉽게 이해될 것이다. 상해로 인한 약제비 한도 역시 마찬가지다. 공제금액이나 지급 비율 이런 부분은 실비보험 가입시점에 따라 다를 수 있으니 꼭 본인의 보험증권을 확인해야 한다. 이렇게 실비보험은 표와 같은 한도 내에서 사용한 병원비를 돌려받을 수 있는 구조로 돼 있다. 그럼 지금부터는 항목별로 공제금액을 알아보자.

질병 통원, 상해 통원은 내원하는 병원 규모에 따라 다른데, 병원에서 치료를 마치고 수납을 하면 '진료비계산서'라는 영수증과 같은 서류를 떼준다. 이 진료비계산서 내용을 살펴보면 하단에 병원이 의원급인지 종합병원급인지 상급병원급인지가 표기돼 있다. 통원치료는 보통 내원한 병원이 의원급이라면 1만 원이 자기공제금으로 설정돼 있고, 종합병원은 1만5000원, 상급종합병원은 2만 원이 설정돼 있다. 그리고 입원치료는 병원의 분류와 상관없이 10퍼센트가 공제된다. 그리고 약제비는 처방전 1건당 8000원이 공제된다. 이 자기공제금은 실비보험을 가입한 시기와 보험 상품의 보장 내용에 따라 달라질 수 있으며, 일반적인 예시라는 것을 참고하기 바란다.

〈실비보험 지원 내용〉

구분1	구분2	자기공제	지원한도
상해	통원	0~2만 원 (병원분류표 의거)	일 25만 원
	입원	10퍼센트	연 5000만 원
	약제비	8000원	일 5만 원
질병	통원	0~2만 원 (병원분류표 의거)	일 25만 원
	입원	10퍼센트	연 5000만 원
	약제비	8000원	일 5만 원

※실비보험 지급 예시 표이며, 본인의 정확한 지급관련 내용은 가입한 보험증권을 참고
※입원치료 지원 한도는 매년 새로 갱신

〈병원 분류표〉

구분	의원급	종합병원	상급병원
자기공제금	1만 원	1만5000원	2만 원

※개인별로 가입한 보험의 보장조건에 따라 자기공제금은 다를 수 있음.

그럼 의원급인 병원에 가서 병원비가 3만 원이 나온 상황을 가정해 보자. 앞의 표를 참고했을 때 1만 원을 공제하고, 2만 원을 보험회사에서 지원받을 수 있다. 또 내가 몸이 갑자기 어지러워서 병원에 입원해서 치료받으면서 MRI를 찍고, 다음날 퇴원했는데 병원비가 총 50만 원이 나온 상황을 가정해 보자. 이 경우 자기공제금은 얼마일까? 자기공제금은 입원의 경우 10퍼센트이니, 50만 원의 10퍼센트인 5만 원을 제외한 45만 원을 실비보험으로 청구해 지원받을 수 있다. 또한 처방전을 받고 약을 지었는데 1만5000원이 나왔다면, 공제금액인 8000원을 공제하고 7000원을 청구해서 받을 수 있다. 이렇게 간단하게 계산되는 것이 실비보험인데, 많은 사람들이 헷갈려 하는 듯하다.

추가적으로 입원했을 경우 입원확인서, 고액의 병원비가 나왔을 경우 진단서 등 추가 서류가 필요할 때가 있다. 이는 병원에서 떼달라고 하면 바로 떼주기 때문에 미리 챙기지 말고 필요할 때 챙기는 게 번거로운 일을 방지할 수 있는 하나의 팁이다. 다만 이런 진단서를 떼는 등의 비용은 실비보험으로 청구할 수 없다는 점은 기억하자. 보험비 청구는 과거 FAX나 우편으로 서류를 접수하고 지급이 진행됐지만, 최근에는 각 보험사 앱이나 홈페이지로 해당 필요 서류(진료비계산서, 진단서 등)를 첨부하는 방식으로 간편하게 청구하고 지급받는 프로세스가 구축되어 있기 때문에 이용에 불편한 점은 없을 것이다. 그리고 혹시 보험을 가입하기 전, 디스크 등 장기 치료를 필요로 하는 질병 혹은 질환이 있는 경우라면 가입 시점에 정확하게 기입해 주는 것이 좋다. 가입 이후 보험료를 청구하면 과거 병력을 조회하는데 그때 고지하지 않은 병력이 발견될 경우에는 가입 시점에 고지의 의무를 위반한 것으로 간주돼 보장을 못 받을 수 있다. 그렇기 때문에 실비보험을 가입하는 시점에 꼭 보유하고 있는 질병 혹은 질환을 정확히 고지하는 것이 좋다.

참고로 실비보험을 청구해 보험비를 수령했다면 연말정산 시 꼭 별도로 반영해야 한다. 근로자 본인이나 기본공제 대상자가 수령한 실손보험금은 의료비 세액공제 대상에서 제외되기 때문이다. 세액공제 적용대상 의료비는 "해당 근로자가 직접 부담하는 의료비"를 뜻한다. 세액공제를 포함한 연말정산 관련 내용은 뒷장에서 정확히 다루니 연말정산 시 실비보험으로 청구해서 받은 비용은 별도로 반영해야 한다는 정도만 알아두자. 또한 보험회사에서도 개인 고객에게 실비로 지급한 금액을 국세청에 통보하기 때문에, 지원 내역을 연말정산 시 반영하지 않았다가 나중에 허위 연말정산 신고로 수수료가 붙은 금액을 물어낼 수 있으니 유의하기 바란다. 또한 혹시라도 만약 작년 말에 의료비를 지출했는데, 올해 실비보험금을 수령했다면, 작년이 아닌 실제 수령한 올해 연도의 의료비 공제대상 금액에서 차감된다는 점도 기억해야 한다.

구실비보험(1~2세대) VS 착한실비보험(3세대)

최근 매년 높아지는 실비보험 인상률과 함께 17년도 4월부터 가입이 시작된 착한실비보험에 대한 관심이 굉장히 높다. 실제로 많은 사람들이 구실비보험에서 착한실비보험으로 갈아타야 할지, 유지해야 할지 망설이고 있는데, 이 두 가지 실비보험이 정확히 어떤 차이점이 있기에 많은 사람들이 보험 전환을 고민하고 있는 것인지 알아보자.

사실 큰 틀에서 보면 과거에 가입한 실비보험과 최근 가입하는 착한실비보험 모두 사용한 병원비의 일부를 돌려받는 개념의 보험이라는 점은 동일하다. 하지만 매월 내야 하는 월 보험료와 각 실비보험에서 보장하는 항목에 차이점이 있다. 그렇다면 이 두 가지 보험은 보장 내용이 어떻게 다르며, 월 납입해야 하는 보험료는 얼마나 차이가 나는 것일까? 이 부분을 알아보기 전에 실비보험이 왜, 어떻게 지금까지 변해왔는지 전체적인 과정을 이해하고 나서 세부적인 내용을 확인한다면 더 크게 도움이 될 것이다.

먼저 우리가 병원을 가면 치료를 받는데, 모든 치료는 급여 치료와 비급여 치료 항목으로 분류된다. 급여 치료는 건강보험공단에서 치료비의 일부를 지원해 주는 것이고, 비급여 치료는 보험공단의 지원 없이 본인이 전액을 부담해 받는 치료다. 실비보험의 역사를 살펴보면 2009년도 9월까지 가입한 실비보험은 보장 내용이 굉장히 좋은 편이었다. 요즘에는 매년마다 보험료가 갱신되지만 이 시기에 가입한 실비보험은 갱신주기가 5년이었다. 다시 말하면 5년간 보험료가 갱신되지 않기 때문에 가입했던 보험료가 그대로 유지됐다. 또한 급여 치료 및 비급여 치료 상관없이 자기공제금을 내지 않고 사용한 병원비를 100퍼센트 전액 보험회사에서 지원해 주었다. 그래서 사람들이 당시에 가입한 실비보험이 대박 보험 상품이었다는 말들을 많이 하는 것이다. 이렇게 2009년도 9월까지 가입한 실비보험을 일반적으로 실비보험 1세대라고 일컫는다.

그리고 그 이후부터 2014년까지는 보험료 갱신주기가 3년으로 바뀐다. 또한 급여 치료와 비급여 치료의 지원금이 90퍼센트로 하향 조정되었다. 그전 1세대 실비보험과 비교했을 때 상대적으로 보장이 약해진 것이라 할 수 있다. 그래도 지금 가입하는 실비보험과 비교하면 좋은 조건인 보험이라 할 수 있다. 그 이후 17년 3월 말까지의 실비보험은 갱신주기가 1년으로 줄어들었으며, 동시에 보장 조건도 급여 항목은 90퍼센트, 비급여 항목은 80퍼센트로 또 한 번 하향 조정된다. 이 기간까지 가입한 실비보험을 일반적으로 실비보험 2세대라고 일컫는다.

그리고 17년 4월 1일 이후부터 지금까지 가입되고 있는 실비보험을 착한실비보험이라 한다. 보험료가 1년마다 갱신되고 급여 항목은 90퍼센트, 비급여 항목은 80퍼센트인 보장 조건은 동일하게 유지되는데, 두 가지가 바뀌었다. 먼저 15년 만기라는 내용이 들어갔는데, 보험을 가입한 날로부터 15년이 되면 그 시점에서 새로 만들어지는 보험약관을 적용한다는 것이다. 즉, 15년 후에는 현재 가입한 보험보다 보장 내용이 그 시점에 맞춰 좋아질 수도 있고 안 좋아질 수도 있는데, 이를 다시 해석해 보면 보장 내용이 변할 수 있다는 점은 어떻게 보면 리스크라고 할 수 있다. 또한 착한실비보험에서는 도수치료와 같은 비급여 항목이 별도로 관리된다. 별도로 관리되는 비급여 항목은 별도의 한도 금액 내에서 지원이 되고, 자기부담금 역시 30퍼센트 수준으로 설정된다. 어떻게 보면 보장 조건이 1, 2세대의 실비보험보다 상대적으로 나빠진 편인데, 이 기간에 가입한 실비보험을 보통 실비보험 3세대라고 일컫는다.

구분	~09.09월 가입	~17.03월 가입	17.04~ 현재 가입
명칭	실비보험 1세대	실비보험 2세대	실비보험 3세대 (착한실비보험)

큰 틀에서 보면 갱신 주기가 축소되고 자기부담금이 확대되었으며, 보장 범위가 소폭 변경되는 등 개편이 이루어져 왔는데, 이렇게 개편이 지속적으로 되는 것은 보험회사에 비용에 대한 이슈가 있기 때문이라고 할 수 있다. 보험료를 매년 갱신하면 가입자들로부터 보험료를 더 많이 수취할 수 있기 때문이다. 그렇기 때문에 보험료의 갱신 주기가 5년에서 1년까지 짧아졌고, 비급여 항목을 지원하는 비용이 상대적으로 많이 소요되기 때문에 100퍼센트에서 80퍼센트 수준까지 보장 비율을 점차 낮추다가, 최근에는 비급여 항목을 별도로 빼서 자기부담금을 더 부여하는 상황까지 오게 된 것이다. 이러한 과정이 실비보험의 굵직한 역사라고 볼 수 있다.

그럼 지금부터는 구실비보험과 착한실비보험이 어떻게 다른지 구체적으로 한번 살펴보자. 과거의 실비보험은 일반적으로 상해 통원 및 질병 통원은 일 보장 한도가 자기공제금을 제외하고 평균 25만~30만 원 선이었다. 그리고 상해 입원 및 질병 입원은

80~100퍼센트까지 지원하고 한도는 5000만 원인데 비급여 항목까지 다 묶어서 보장해 주는 형태로 보험이 설계돼 있었다. 17년 4월 이후부터 가입한 착한실비보험은 상해통원, 질병 통원 보장 한도가 하루 25만 원이고, 상해 입원 및 질병 입원은 보장 비율이 80~90퍼센트로 약간 내려왔지만 연간 지원 한도는 5000만 원으로 동일하다. 다만 비급여 치료가 별도의 특약으로 빠지는데, 고액의 비용이 나오는 비급여 치료의 대표 케이스인 디스크와 연관된 도수 치료 및 MRI, 그리고 주사 치료가 별도 항목으로 관리된다. 과거에는 이러한 비급여 치료도 상해 입원, 상해 통원, 질병 입원, 질병 통원과 같은 항목으로 묶여서 자기공제금과 연간 한도가 관리되었는데, 착한실비보험에서는 이 비급여 항목은 별도로 관리되는 것이다. 그리고 이렇게 별도로 빠진 세 가지 항목에는 30퍼센트의 자기부담금이 생겼고 지원받을 수 있는 횟수와 한도 역시 별도로 생겼다. 또, 백내장수술도 보험회사별 상품과 약관에 따라 조금씩 다르지만 기존 실비보험에서는 다 보장해 주었다. 반면, 착한실비보험은 모두 보장해 주지 않고 백내장과 관련된 특정 몇 가지 시술을 보장 대상에서 제외하기도 하니 주의해야 한다. 보험 상품에 따라 횟수 제한과 지원 한도는 조금씩 다르니 보험사별 실비보험 상품을 꼼꼼히 잘 비교해 보자.

특히 고연령층은 물론이고 컴퓨터와 모바일 사용이 늘어나면서 젊은 사람에게도 허리나 목 디스크가 많아지는 상황에서, 이 치료를 지원받을 수 있는 구실비보험과 착한실비보험의 보장 내용이 확연히 차이 나기 때문에 실비보험을 어떻게 해야 할지 많은 고민들을 하고 있는 것이다.

그럼 착한실비보험은 안 좋아진 점만 있을까? 좋은 점 역시 생겼다. 첫 번째, 월보험료가 과거 실비보험 대비 굉장히 저렴해졌다. 보험이 상대적으로 안 좋아졌다고 볼 수 있으니 보험료가 낮아지는 건 당연한 이치일 수도 있다. 두 번째, 보험료의 갱신율이 낮아졌으며 오히려 인하되기도 한다. 특히, 17년 4월 이전 가입자들의 보험료가 매년 크게 인상되는 것과 비교하면 월보험료가 크게 절감되는 것이다. 다시 말하면 갱신율을 감안했을 때 계속 내야 할 보험료의 합이 크게 줄어든다는 것을 의미한다. 어떻게 착한실비보험만 그럴 수 있느냐는 의문이 들 수 있는데, 그 이유는 1, 2, 3세대 실비보험으로 구분한 것에서 답을 찾을 수 있다. 보험료는 각 보험의 세대에서 측정한 손해율에 의해 보험료가 조정된다. 즉, 세대가 다른 보험은 서로 다른 세대의 보험료에 영향을 전혀 줄 수 없다는 뜻이다. 1, 2세대의 보험은 판매가 중지되었기 때문에 신규로 가입하는 것이 불가능하다. 즉, 새로 들어오는 보험료가 없는 상황에서 기존 가입자가 고령이 되면서 병원비로 지출되는 금액이 커짐에 따라 보험회사가 지원하는 금액도 많아지기 때문에 보험료가 지속적으로 인상될 수밖에 없는 것이다. 그래서 예전에 가입한 보험의 지원 내용이 좋긴 하지만 보험료가 매년 높게 갱신됨에 따라 보험비가 부담으로 느껴지고 있는 상황이다. 반면, 최근에 가입한 사람들이 많은 3세대 착한실비보험은 신규로 가입하는 사람이 계속 있는 데다가 가입층이 1, 2세대에 비해 젊기 때문에 보험회사에서 나가는 비용이 상대적으로 적어서 보험료가 저렴하고 오히려 인하까지 할 수 있는 것이다. 또 다른 장점으로는 고액의 비용이 나오는 비급여 치료를 받을 때, 1, 2세대의 실비보험 가입자들은 보통 입원을 하고 치료를 받았으나 착한실비보험 가입자는 굳이 그럴 필요가 없다. 왜냐면 비싼 비급여 치료라 하더라도 30퍼센트의 자기부담금만 내면 나머지 70퍼센트는 지원받을 수 있기 때문이다. 즉, 직장인이라면 입원할 때 연차를 사용해야 하고 적어도 이틀 정도를 병원에 있어야 하기 때문에 굉장히 불편했던 것에 비해 자기부담금을 조금 더 내더라도 훨씬 이득이 된다고 해석하기도 한다. 또 다른 장점으로는 30퍼센트 자기부담금은 연간 합산 200만 원을 넘지 못하게 되어 있다는 점이다. 즉, 내가 몸이 많이 안 좋아 계속 치료를 받아야 한다면, 30퍼센트 자기부담금을 계속 내야 하는 것이 아니라 연간 200만 원까지만 내면 된다. 장기간의 치료로 연 한도를 초과하는 비용은 보험사에서 다 지원하게 되어 있다.

지금까지 구실비보험과 착한실비보험에 대해 알아보았는데, 그렇다면 구실비보험이 좋을까, 착한실비보험이 좋을까? 이것에 대한 정답은 본인이 처해 있는 상황과 건강 상태에 따라 달라진다. 내가 몸이 건강해서 실비보험을 잘 이용할 일이 없는 사람이라면 상대적으로 비싼 과거 1, 2세대 실비보험을 굳이 유지하는 것이 좋은 것인지 깊게 고민하고 판단해 봐야 한다. 다만 과거에 가입한 1, 2세대의 실비보험은 굉장히 보장 내용이 좋은 보험 상품이라 해지하는 것이 아까울 수 있다. 내가 언제 아플지 사실 모르기 때문이다. 그렇기 때문에 실비보험을 함부로 해약해서는 안 되고 나의 건강 상태를 바탕으로 깊게 고민하고 판단하라는 것이다. 실비보험을 잘못 해지했다가는 과거 병력에 따라 가입하고 싶어도 가입을 하지 못하는 상황이 생길 수도 있다. 실비보험은 내가 평생 동안 죽을 때까지 병원비 걱정 없이 지낼 수 있게 해주는 하나의 수단이다. 월 보험료가 비싸다고 1, 2세대의 보험을 해지해서도 안 되고, 월 보험료가 싸다고 3세대의 착한실손으로 바로 가입 및 전환을 하는 것도 안 된다. 착한실비보험으로 전환하는 것이 좋을지, 구실비보험을 유지하는 것이 좋을지 각 보험의 장 · 단점을 비교해 정확하게 선택할 필요가 있다.

내 암보험 잘 든 거 맞을까?

대한민국 국민의 사망 원인 중 1위가 암이라고 한다. 암으로 사망하게 되면 남겨진 가족에 대한 걱정, 혹은 암을 치료하는 과정에서 드는 막대한 병원비와 생활비에 대한 걱정 때문에 많은 사람들이 한두 개의 암보험에 가입하고 있다. 설령 가입하지 않은 사람이더라도 암보험에 대한 관심은 여전히 높은 편이다. 암보험에 대해 알아보기 전에 이 개념을 먼저 알아두어야 한다. 바로 보장성 보험과 환급형 보험에 관련된 내용이다.

어떤 보험에 가입하더라도 보장성 보험 혹은 환급형 보험 중에 선택해야 한다.

보장성 보험은 보험 계약 내용에 설정돼 있는 금액을 보장받는 대신 매월 납입한 보험료는 돌려받지 못하는 보험을 뜻한다. 쉽게 표현하면 내가 암에 걸렸을 때 진단비를 보장받는 조건으로 그에 대한 대가를 그대로 지불하는 것으로 볼 수 있다. 환급형 보험은 보장성 보험과 반대다. 보험 내용도 전부 보장해 주고, 매월 납입한 보험료 역시 환급해 주는 보험을 뜻한다.

이 개념만 봤을 때 당연히 후자의 환급형 보험이 좋아 보일 수 있지만 이 두 가지 보험에 대한 선호도는 갈리는 편이다. 월 보험료 차이가 크기 때문이다. 환급형 보험은 보험 보장도 해주는데, 납입했던 보험료까지 환급해 주기 때문에 월 보험료가 보장성 보험에 비해 월등히 비쌀 수밖에 없다. 만약 보험사가 저렴한 비용으로 보장도 모두 해주고 냈던 보험료도 다 돌려준다면 당연히 손해가 클 것이다. 그렇기 때문에 보험회사는 환급형 보험 고객에게 높은 보험료를 받아 또 다른 투자를 해서 수익을 내는 활동을 한다. 그래서 환급형 보험은 보장성 보험에 비해 많이 비싼 편이다. 이런 월 보험료의 차이 때문에 같은 보장을 해주는 보험을 들더라도, 예를 들어 보장성 보험으로 2만 원짜리를 가입할 것인지, 환급형 보험으로 6만 원짜리를 가입할 것인지에 대한 선호도가 확 갈리는 것이다. 비교적 비싸다고 하더라도 나중에 납입한 보험료를 돌려받을 수 있는 조건이 있으므로 선호하는 사람도 있고, 납입한 보험료를 돌려받을 수 있는 그 날이 오기까지 본인의 생존 여부를 알 수 없기 때문에 현재 당장 아플 때 보장금을 받을 수 있고 비교적 저렴한 보장성 보험을 선호하는 사람도 있는 것이다.

특히 환급형 보험을 선호하는 사람들은 대체적으로 부모님 세대의 고연령층이 많다. 왜나하면 납입한 보험료를 나중에 다 돌려준다는 것에 메리트를 크게 느끼기 때문이다. 하지만 이러한 부분은 개인의 투자 성향이나 돈에 대한 가치관에 따라 결정되는 것이지 보장성 보험이 좋은 것인지, 혹은 환급형 보험이 좋은 것인지에 대한 판단 자료는 될 수 없다. 중요한 것은 보장성과 환급형의 개념을 확실히 알고 보험 가입을 해야 한다는 점이다. 왜냐하면 인생 전반을 보험을 한두 개 가입하고 끝낼 것이 아니기 때문이다. 가입한 보험의 갯수가 늘어날수록 매월 지불해야 하는 보험료는 곧 부담으로 다가올 수 있으니 보험을 가입하기 전에 철저히 고민하고 행동해야 한다. 특히 실비보험, 암보험, 향후에는 치매보험, 생명보험, 상해보험 등 가입해야 할 보험이 많다. 만약 이 보험들을 모두 환급형 보험으로 가입하면 월 보험료가 감당할 수 없는 수준까지 올라갈 수 있기 때문에 보장성 보험과 환급형 보험으로 가입하는 비율을 적절하게 잘 분배할 필요가 있다.

또한 환급형 보험에서 중요한 점 한 가지는 환급형 보험이라 하더라도 장기간 납입하거나 혹은 만기까지 유지했을 경우에만 내가 납입한 보험료를 돌려받는 것이지, 가입한 이후 몇 년 유지하지 못하고 해약하면 환급률이 턱없이 낮아져서 원금 손실을 볼 수도 있다. 그럼 지금부터는 암보험에 대해 세부적으로 알아보자.

암보험에 가입하기 전에 보험에서 다양한 암을 어떻게 분류하는지 이해할 필요가 있다. 보험회사에서는 일반적으로 암을 고액암, 일반암, 소액암 이렇게 세 가지로 분류한다. 주변 사람과 암보험과 관련된 이야기를 나눠보면 암에 대한 구분을 정확히 이해하고 있는 사람이 드물다. 암보험에서 가장 중요한 점은 만약 내가 암에 걸리면, 그 암이 세 가지 분류 중 어디에 해당하는지다.

소액암은 쉽게 표현하면 비교적 자주 걸리는 암이라고 보면 된다. 가장 대표적인 암이 갑상선암 같은 암이다. 그리고 일반암은 대체적으로 암발생률로 볼 때 평균적인 구성비를 차지하는 암이라고 보면 된다. 대표적으로 위암이나 폐암과 같은 암이 있다. 그리고 고액암은 확률상 잘 걸리지 않는 암이라고 표현할 수 있는데 상품에 따라 다르지만 대표적으로 혈액암 정도를 예로 들 수 있다. 그렇다면 암 진단비는 암의 종류에 따라 어떻게 책정될까? 당연히 잘 걸리지 않는 고액암에 해당할수록 높은 암 진단비가 책정된다. 쉽게 표현하면 잘 걸리지 않기 때문에 높은 진단금을 설정해 놓은 것이라고 봐도 된다. 상품에 따라 다르지만, 억 단위까지도 진단금이 나온다. 일반암은 일반적으로 2000만~8000만 원 정도의 진단금이 나오는 편이며, 소액암의 진단금은 일반적으로 200만~500만 원 수준으로 책정돼 있다. 하지만 회사에 따라, 상품에 따라, 그리고 어떤 특약에 가입하느냐에 따라 진단금은 천차만별이기 때문에 본인의 보험증권을 꼭 확인해 보기 바란다. 내가 가입한 암보험이 잘 가입한 것인지 체크해 보고 싶다면 보험증권을 확인하면 된다. 해당 보험증권을 보면 소액암에 포함된 암이라고 해서 암의 종류가 쭉 나열돼 있다. 일반암, 고액암 역시 각 그 분류에 포함되는 암의 종류가 쭉 리스트로 나열돼 있다. 그 리스트를 반드시 체크해야 한다. 새로 가입하는 사람이라면 가입설계서를 받아보고 어떤 암이 어떤 분류에 속해 있는지 확인해야 한다. 암에 걸릴 경우 진단금으로 5000만 원을 준다고 해서 가입했는데 알고 보니 고액암일 때만 5000만 원의 진단금이 나오고, 소액암이나 일반암일 때는 500만 원이나 1000만 원 정도의 진단금만 나오는 보험일 경우 알고 있던 바와 다르기 때문에 큰 상실감에 빠질 수도 있다. 더 쉽게 표현하자면, 월 보험료도 저렴해야 하지만 비교적 잘 걸리는 갑상선암 같은 암들이 일반암으로 분류돼 있거나 진단금이 상대적으로 높게 설정돼 있는 보험이 좋은 암보험이라고 할 수 있다. 위암이나 폐암도 고액암으로 분류돼 있으면 당연히 더 메리트 있는 보험이다.

최근에는 비교적 잘 걸리는 갑상선암과 같은 암이 대부분 소액암으로 분류돼 있다. 하지만 잘 찾아보고 비교해 보면 일반암으로 분류돼 있는 보험도 있기 때문에 이렇게 보장 내용이 비교적 좋게 구성돼 있는 보험 상품을 가입하는 것이 좋다고 할 수 있다. 물론 과거에 가입한 보험은 갑상선암과 같은 암이 일반암으로 분류되어 있기도 할 것이다. 이 경우에 해당한다면 보험을 해약하지 말고 지속적으로 유지하는 것을 권장한다.

대부분의 사람들이 실비보험에 가입하고 있기 때문에, 암에 걸렸을 경우 암 치료비의 일정 부분은 실비보험으로 부담할 수는 있다. 하지만 암에 걸리면 투병 생활이 힘들기 때문에 결국 직장을 다니기 어렵게 되기 마련이다. 즉, 병원비는 실비보험으로 어느 정도 해결되지만, 생계에 필요한 돈이 부족해지는 것이다. 또한 항암 치료에 약제비 비용이 상당히 많이 소요되는데, 약제비는 실비보험의 한도가 넉넉하지 않기 때문에 이 역시 경제적인 부담으로 작용한다. 그래서 암 진단비가 많이 나오는 암보험에 가입해 생활비나 약제비 등의 비용을 대비하는 것이다. 혹시 가족력이 있는 사람은 암보험을 보험사별로 여러 개 가입해도 상관없다. 다만 암에 걸릴 경우 보험사별로 중복 수령이 가능하지만, 받을 수 있는 합산 한도는 있기 때문에 그 한도에 맞춰 가입해야 한다.

결국 보험을 잘 드는 것보다 건강을 잘 챙기는 것이 더 중요하다. 암으로 거액의 진단비를 받더라도, 몸이 힘들어서 아무것도 못한다면 무슨 필요가 있을까? 다 부질없을 것이다. 다만 가족에게,

혹은 나의 배우자나 자녀에게 짐은 되지 않겠다는 마음으로 보험을 드는데, 가입하지 않을 수도 없고 가입하기에 부담되는 것도 사실이다. 암보험을 가입할 계획이라면 보험 가입 전에 반드시 가입설계서를 메일로 받아 암의 분류표를 꼭 체크해 보고 비교적 자주 발생되는 암이 어떤 암의 구분에 들어가는지, 진단비는 평균 어느 정도 규모로 나오는지 내용을 꼭 비교하자.

의무 보험인 자동차 보험 이렇게 가입하세요!

자동차 소지자라면 누구나 필수로 가입해야 하는 것이 자동차보험이다. 많은 사람들이 사회생활을 시작하고 2년 정도 지나면 신차나 중고차를 구매한다. 혹은 결혼한 후나 자녀가 생기면 차를 구매한다. 차를 구매할 때 자동차보험을 반드시 가입해야 한다. 자동차보험은 기본적으로 수십만 원에서 수백만 원까지 보험료가 나오며, 매년 갱신도 해야 하기 때문에 경제적으로 상당히 부담이 되는 보험이라 할 수 있다. 하지만 의무 보험이기 때문에 가입하지 않을 수는 없다. 가입한다 하더라도 각 보장 항목이 무슨 내용인지 이해가 가지 않는 것이 바로 이 자동차보험인데, 그럼 어떻게 가입하면 조금 더 저렴하게 가입할 수 있는지, 각 보장 항목들이 무엇을 의미하고 어떤 내용을 보장해 주는 것인지 지금부터 자세히 살펴보자.

우리나라에는 약 14개의 손해보험사가 있는데, 자동차보험은 우선 손해보험사만을 통해 가입할 수 있다. 이 손해보험사를 통해 가입하더라도 크게 보자면 세 가지 경로가 있는데 첫 번째가 설계사를 통해서, 두 번째가 PC나 모바일을 이용한 온라인 채널을 통해서, 그리고 세 번째가 전화를 통해서다. 사실 전화로 가입하거나 설계사를 통해 가입하는 것은 거의 같은 채널이기 때문에 비용이나 구조가 비슷하다고 보면 되는데 어떤 채널로 가입하는 것이 보험료가 가장 저렴할까?

구분	종류
손해보험사	메리츠화재, KB손해보험, 현대해상손해보험, 한화손해보험, 롯데손해보험, 삼성화재, NH농협손해보험, AIG, DB손해보험, 흥국화재, MG손해보험, AXA손해보험, 캐롯손해보험, 하나손해보험

당연히 자동차보험은 온라인으로 가입하는 것이 가장 저렴하다. 전화나 설계사를 통해 가입하면 상담원이나 설계사 분의 수당을 줘야 하기 때문에, 보험료가 당연히 상대적으로 비쌀 수밖에 없다. 책 앞쪽에서 설명한 신용카드와 같은 구조라고 봐도 무방하다. 그렇기 때문에 무조건 온라인으로 가입하는 것이 유리하다. 보통 각

보험사별로 자동차보험 다이렉트라는 상품을 많이 판매한다. 그 상품을 가입하는 것이 가장 저렴한 방법이라고 할 수 있다. 혹시 핸드폰으로 어떻게 하는지 모르는 사람이나, 보장 항목의 내용이 어려워서 설계사에게 설명을 듣고 가입하고자 하는 사람이라면 자녀, 친척 혹은 지인을 통해 가입할 수도 있다. 보험은 제3자가 보험설계부터 결제까지 다 해줄 수 있기 때문이다.

그럼 지금부터는 다이렉트로 자동차보험을 가입할 때 챙겨야 하는 내용을 살펴보자. 보험사별로 사용하는 용어가 조금씩 다르고, 보장 항목별로 내용이나 가입 및 보장 금액 역시 다르긴 하지만, 여기서는 많이들 가입하고 있는 삼성화재 다이렉트 기준으로 살펴본다.

운전 경력이나 차종, 그리고 운전자 범위가 다 다르기 때문에 보험료 금액보다 각 항목의 할인율과 어떤 것을 보장하는지에 중점을 두고 체크하자. 보험료를 크게 절감할 수 있는 할인특약을 살펴보면, 가장 대표적인 것이 블랙박스 할인이다. 삼성화재 다이렉트는 블랙박스 할인 특약으로 4퍼센트의 보험료를 할인해 준다. 또한 첨단안정장치가 장착돼 있으면 최대 5.5퍼센트의 보험료를 또 할인해 준다. 이 첨단안정장치의 종류에는 전방충돌방지장치나 차선이탈경고장치와 같은 것들이 있다. 그 다음으로 할인받을 수 있는 것이 마일리지 할인특약이다. 거리에 따라 4~32퍼센트까지 할인받을 수 있다. 출퇴근 거리가 그렇게 길지 않은 사람이라면 연간 5000킬로미터 이하나 7000킬로미터 이하에 해당되는데, 이 경우 다음 표처럼 22~24퍼센트 정도 할인받을 수 있다. 가장 할인이 많이 적용되는 특약이 바로 이 마일리지 할인특약이기 때문에 반드시 가입해야 한다. 표에 나와 있는 최대 거리 구간인 1만2000킬로미터를 초과해서 타더라도 할인받는 내용이 없어지는 것이지 별도의 위약금을 지불해야 하는 등의 손해는 없기 때문에 무조건 가입해야 하는 특약이라고 볼 수 있다.

〈마일리지특약〉

연환산 주행거리	3000km 이하	5000km 이하	7000km 이하	1만km 이하	1.2만km 이하
할인율	32퍼센트	24퍼센트	22퍼센트	17퍼센트	4퍼센트

※ 출처 : 삼성화재다이렉트

또한 자녀가 있으면 자녀할인으로 5~12퍼센트를 할인받을 수 있다. 그리고 'T map 착한운전 할인특약'이라고 5퍼센트를 할인해주는 특약은 마일리지 할인하고 중복 가입이 되지 않는다는 점을 참고하기 바란다. 예를 들어 1만 킬로미터 초과, 1만2000킬로미터 이하를 타는 사람이라면 T map 할인특약을 가입하는 편이 마일리지 할인특약에 가입하는 것보다 1퍼센트 더 할인을 받을 수 있으니 참고하기 바란다.

지금부터는 자동차보험에서 다루는 보장항목 내용을 살펴보자. 자동차보험은 크게 대인배상1, 대인배상2, 대물배상, 자기신체사고/자동차상해, 자기차량손해(자기부담금), 무보험차상해, 긴급출동서비스, 추가특약과 같은 항목으로 구성된다. 여기서 대인배상, 대물배상, 자기차량손해 부분이 가장 중요한 항목이기 때문에 상당히 신경써서 잘 챙겨야 한다.

우선 대인배상1 항목은 자동차손해보험배상법, 즉 자배법에 따른 의무 보험으로 반드시 가입해야 하는 항목이라 선택의 여지가 없다. 사고가 나서 다른 사람을 다치게 하거나 혹은 사망하게 하거나 했을 때 어느 정도 보상을 해주는, 아주 기본적인 항목이라고 보면 된다. 크게 사망 보험금, 부상 보험금, 후유장애 보험금이 나오는데 사고당 한도가 아니라 1인당 총 한도 내에서 보험금이 나온다는 점을 체크해야 한다. 사망과 후유장애는 최대 1.5억까지, 부상은 3000만 원까지 보상 한도가 책정돼 있다.

구분	사망	부상	후유장애
보상한도	2000만~1.5억 원	50만~3000만 원	1000만~1.5억 원

그 다음은 대인배상2 항목을 살펴보자. 이 항목은 혹시라도 있을 수 있는 사망, 뺑소니, 12대 중과실 사고를 제외한 사고 시 형사

처벌과 같은 항목을 면할 수 있는 보장 항목인데 의무 가입이 아닌 선택 사항이다. 의무 보험은 아니기 때문에 가입하지 않아도 되는 항목이라 볼 수 있는데, 실제 사고가 발생할 경우 대인보험1 의무 보험만으로는 많은 부분이 커버되지 않기 때문에 반드시 가입하는 것을 권장한다. 정말 안전운행을 하는 사람이더라도 사고는 예기치 않게 발생하기 때문이다. 그럼 A라는 사람이 사고를 내서 5억 원을 보상해야 하는데, A의 과실이 70퍼센트인 상황을 가정해 보자. 그럼 A는 3.5억(5억 × 70퍼센트)을 배상해야 한다. 대인보험1은 사망의 경우 1.5억까지 지원이 된다. 대인배상2 항목을 가입했다면 나머지 2억 원을 보험에서 지원받을 수 있다. 대인보험2가 선택 사항이라고 가입하지 않았다면, 2억 원을 개인이 전액 부담해야 한다. 자동차는 언제, 어떻게 사고가 발생할지 전혀 예상할 수 없는 분야기 때문에 대인배상2 항목은 꼭 가입하는 것을 추천한다.

〈총 보상해야 할 비용 판결 : 3.5억 가정〉

구분		대인1 가입 대인2 미가입	대인1 가입 대인2 가입
보험사 지원	대인1	1.5억	1.5억
	대인2	-	2.0억
개인 비용	-	2.0억	-
계		3.5억	3.5억

단, 음주운전이나 무면허운전, 뺑소니(조치의무 위반)는 대인배상1이 300만 원, 대인배상2가 1억 원의 본인부담금을 한 사고당 공제하고 지급한다.

<table>
<tr><th>구분</th><th>대인배상1</th><th>대인배상2</th></tr>
<tr><td>음주운전</td><td rowspan="3">3000만 원</td><td rowspan="3">1억 원</td></tr>
<tr><td>무면허운전</td></tr>
<tr><td>조치의무 위반(뺑소니)</td></tr>
</table>

그 다음은 대물 배상 항목을 알아보자. 우선 이 항목은 다른 사람의 자동차나 재물에 끼친 손해를 보상받을 수 있는 항목으로 의무 보험 항목이다. 다만 가입 시 보장 금액을 최소 2000만 원부터 최대 10억 원까지 설정할 수 있는데, 보장 금액을 10억 원으로 하더라도 2~3억 원 정도 보장과 비교해 비용이 크게 올라가지 않기 때문에 많은 분들이 10억 원으로 가입하라고 권장한다. 간혹 '10억 원은 너무 높지 않나?'라는 의문을 가지는 사람도 많긴 하지만 운 나쁘게 외제차를 다중으로 추돌하게 될 경우 해당 사고를 처리하는 비용을 감당할 수 없을 것이다. 그렇기 때문에 이 항목은 10억 원으로 가입하는 것을 권장한다.

단, 음주운전이나 무면허운전, 조치의무위반(뺑소니) 사고 시에는 2000만 원 이하의 손해는 자기공제금 100만 원을 제외하고, 2000만 원을 초과하는 손해를 입힌 건은 자기공제금 5000만 원을 공제하고 지원받을 수 있다.

구분	의무 보험(2천만 원) 이하 손해	의무 보험 초과 손해
음주운전	100만 원	5000만 원
무면허운전		
조치의무 위반(뺑소니)		

다음은 자기신체사고/자동차상해 항목을 알아보자. 여기는 두 개의 항목 중에 한 가지 항목만 가입을 할 수 있으며, 사망후유장애 보상금과 부상 보상금이 나오는 항목으로 구분할 수 있다. 자동차상해 항목을 선택한 사람들은 사망후유장애 보상금을 보통 억 단위까지 보상받으며, 자기신체사고 항목을 선택한 사람들은 사망후유장애 보상금을 보통 2000~3000만 원 정도를 받는다. 부상 보험금은 두 항목 모두 비슷한 수준으로 보상받는다. 즉, 사망후유장애 보상금에서 지원 내용이 차이가 나는 것이며, 이 부분에서 월 보험료 역시 차이 난다. 삼성화재 기준으로 살펴보면 자기신체사고 항목으로 가입하는 사람이 45퍼센트 정도를 차지하고 있으며, 자동차상해 항목으로 가입하는 사람은 약 55퍼센트 정도다. 비용

적인 측면을 보면 자동차상해 항목이 자기신체 항목보다 비교적 비싸지만, 사고가 발생했을 때 충분히 보상을 받을 수 있기 때문에 더 많은 사람들이 이 항목을 선택하는 편이다. 반면에 자동차보험료가 부담되는 사람은 자기신체사고 항목으로 선택하더라도 지원 한도 내에서 보장은 어느 정도 받을 수 있기 때문에 가입한다. 자동차상해 항목으로 선택할 것인지, 자기신체사고 항목으로 선택할 것인지는 운전 성향이나 경제 상황에 달려 있다.

그 다음 자기차량손해 항목을 알아보자. 이 자기차량손해 항목은 사고로 피보험자동차에 직접적으로 생긴 손해를 보상하는 항목이다. 즉, 사고가 나면 내가 부담금을 내고, 내 차를 수리할 수 있는 것이다. 자기부담금을 20퍼센트로 할 것인지, 30퍼센트로 할 것인지에 따라 해당 항목의 보험료는 달라지는데 30퍼센트로 하면 조금 더 저렴하다. 이 부분을 더 이해하려면 다음 표에 나온 물적사고 할증기준금액이라는 것을 보자. 대부분의 사람들이 자기부담금 20퍼센트 기준으로 가입하는데 이게 무슨 뜻인일까? 다음과 같이 교통사고가 나서 자동차 수리를 해야 하는 상황을 가정해 보자.

물적사고 할증기준금액		50만 원	100만 원	150만 원	200만 원
자기부담금	최저	5만 원	10만 원	15만 원	20만 원
	최고	50만 원	50만 원	50만 원	50만 원

자차 사고금액	자기부담금 20퍼센트	최저 자기부담금	최고 자기부담금	고객 부담금	지급 보험금
20만 원	4만 원	20만 원	50만 원	20만 원	–
100만 원	20만 원	20만 원	50만 원	20만 원	80만 원
300만 원	60만 원	20만 원	50만 원	50만 원	250만 원

※ 자기부담금 20퍼센트 / 물적사고 할증기준금액 200만 원 가입 기준

자기부담금을 20퍼센트로 가입했기 때문에 표에 나온 자차사고금액을 우선 부담을 해야 한다. 다만 자기차량손해 항목을 가입했기 때문에 표와 같은 상황일 때 내가 어느 정도 금액을 부담해야 하는지 계산해 보자. 첫 번째 케이스는 물적사고 할증기준금액을 200만 원으로 가입했기 때문에 최저 20만 원, 최대 50만 원이 적용된다. 이것을 기초로 계산해 보면 자차사고금액이 20만 원이기 때문에 자기부담금 20퍼센트를 적용시키면 자기부담금은 4만 원이다. 다만, 최저 자기부담금이 20만 원이기 때문에 4만 원이 아닌 20만 원 전액을 본인이 부담해야 한다. 세 번째 케이스는 자차사고금액이 300만 원이기 때문에 자기부담금 20퍼센트를 적용하면 개인이 부담해야 하는 금액은 60만 원이다. 하지만 물적사고 할증기준금액상 최고 부담금액은 50만 원이기 때문에, 60만 원이 아닌 50만 원을 개인이 부담하면 되는 것이다. 나머지 원 수리금액인 250만 원은 보험사가 부담한다.

그리고 긴급출동서비스나 추가특약 같은 경우는 그렇게 큰 비용이 들지 않으므로 혹시나 모를 사고에 대비해 가입할 것을 권장한다. 그리고 거의 1년 내내 자동차보험을 계산하는 것만으로도 스타벅스 쿠폰을 지급하는 이벤트를 각 보험사가 시행하고 있는데, 다 활용하면 꽤 많이 절약될 것이다. 또한 계산 후 며칠 내로 오는 문자 내용을 참고해 가입하면 3만 원 상품권까지 챙길 수 있다. 이 상품권을 받지 않고 가입하는 사람도 많은데, 앞으로 자동차보험을 가입할 때는 이런 부분들까지 꼭 챙기고, 혹시 자체적으로 할인해 주는 카드가 있다면 그 카드까지 꼭 활용하자.

06

연금보험과 연금저축보험은 어떻게 다를까요?

직장인이라면 연금보험 하나쯤은 가입해 10만 원 정도의 금액을 매월 납부하고 있을 것이다. 그런데 가입한 사람을 자세히 살펴보면 어떤 사람은 연금보험을 가입했고, 어떤 사람은 연금저축보험을 가입했다. 이렇게 서로 다른 상품을 가입하고 있음에도 불구하고 대부분 같은 상품을 가입한 것으로 착각하고 있다. 상품의 이름만 보면 비슷해 보이지만 실제로 이 두 가지는 성격이 다른 금융상품이다.

이 두 가지 상품은 세금을 어느 시점에 납부하느냐에 따라 쉽게 구분할 수 있다. 연금저축보험은 연말정산 시 연 400만 원 한도 내에서 매년 세액공제를 받을 수 있다. 총급여 5500만 원 이하는 16.5퍼센트를, 5500만 원을 초과하는 경우에는 13.2퍼센트의 세액공제가 적용된다. 예를 들어 총급여가 5000만 원이라면 66만 원을 세액공제 받을 수 있고, 총급여가 8000만 원이라면 105만 원 정도의 세액공제를 받을 수 있다. 다만 가입하고 5년 이내에 해지하면 그동안 받은 세액공제액에 16.5퍼센트의 기타소득세가 부과된다는 점은 꼭 알아 두어야 한다.

연금저축상품 (신탁/펀드/보험)	연봉 5500만 원 이하	연봉 1.2억 원 이하	연봉 1.2억 원 초과
세액공제율	16.5퍼센트	13.2퍼센트	13.2퍼센트
공제금액4	400만 원 (IRP 포함 700만 원)	400만 원 (IRP 포함 700만 원)	300만 원 (IRP 포함 700만 원)

반면 연금보험은 연말정산 시 세액공제의 혜택은 없으나 연금을 수령할 때 소득세를 내지 않고 이자 소득에 대해 비과세 혜택을 받을 수 있는 상품이다. 이렇게 두 상품은 향후 소득이 지속적으로 감소하고 근로생활이 불가능할 수도 있는 노후를 준비한다는 점과 절세를 할 수 있다는 점에서는 같은 목적인 상품이지만 절세를 어느 시점에 하느냐가 다른 상품이다. 그렇기 때문에 당장의 절세 효과를 누리려는 사람이라면 연금저축보험을 가입하는 것이 좋고

향후 노후에 수령하는 연금에 대한 비과세를 노린다면 연금보험을 가입하는 것이 유리하다.

개인퇴직연금(IRP)은 가입하는 것이 좋은가요?

개인퇴직연금(IRP)은 연금보험이나 연금저축보험과 같은 대표적인 절세 상품이다. 매월 자유롭게 개인부담금을 납입하고 납입한 금액만큼 세액공제를 받으며, 납입한 금액은 향후 연금 형식으로 지급받을 수 있는 상품이라 할 수 있다. 연금보험이나 연금저축보험은 매년 400만 원까지 세액공제가 가능하지만, 여기에 개인퇴직연금을 합산할 경우 700만 원까지 가능해진다. 연금보험이나 연금저축보험을 가입하지 않았다면 개인퇴직연금만으로도 매년 700만 원까지 세액공제가 가능하다. 그렇기 때문에 매년 연말정산에 토해내는 경우가 많은 직장인들이라면 이 상품에 가입해 절세

효과도 누리고 향후 은퇴 시기를 대비하는 자금을 모아두는 용도로 활용해도 좋다. 또한 납입한 금액은 자유롭게 직접 운용해 높은 수익률을 덤으로 가져갈 수도 있다. 개인퇴직연금은 연금보험이나 연금보험저축과 마찬가지로 총 급여 5500만 원 이하는 세액공제율이 16.5퍼센트이며, 총 급여 5500만 원 초과는 세액공제율이 13.2퍼센트다. 연금저축과 개인퇴직연금에 가입하고 납입한 금액에 따라 누릴 수 있는 절세효과는 다음 표를 참고하길 바란다.

납입금액		세액공제 인정 대상금액	절세금액	
연금저축	IRP		총 급여 5500만 원 이하	총 급여 5500만 원 초과
1000만 원	–	400만 원 (연금저축 400만 원)	66만 원	52만8800원
500만 원	500만 원	700만 원 (연금저축 400만 원 + IRP 300만 원)	115만5000원	92만5400원
400만 원	100만 원	500만 원 (연금저축 400만 원 + IRP 100만 원)	82만5000원	66만1000원
300만 원	400만 원	700만 원 (연금저축 300만 원 + IRP 400만 원)	115만5000원	92만5400원
100만 원	500만 원	600만 원 (연금저축 100만 원 + IRP 500만 원)	99만 원	79만3200원
–	1000만 원	700만 원 (IRP 700만 원)	115만5000원	92만5400원

주식, 펀드, 적금, 대출까지. 수많은 금융 서비스는 우리의 삶을 풍요롭게도 하고, 잘못 이용할 경우에는 일상생활이 불가능할 정도로 어려운 지경에 처하게도 한다. 하지만 무리하게 대출을 내지 않고, 내가 컨트롤할 수 있는 범위 내에서 합리적인 소비와 꾸준한 적금으로 목돈을 모아가며 적당히 펀드와 주식 투자를 병행한다면 누구든지 매일 조금씩 늘어나는 자산을 보며 흐뭇해할 수 있다. 이렇게 재산을 늘려가려면 소비, 저축, 투자, 대출 등 다양한 금융 상품에 대한 깊은 이해를 활용해야 한다. 이런 활동을 통틀어 재테크라고 표현한다. 재테크는 큰 돈을 만든다는 의미보다는, 큰 돈을 만들어가는 과정과 시간을 줄이는 것이라고 할 수 있다. 재테크를 잘 알아야 목돈을 만들어가는 과정과 시간을 단축시킬 수 있는 것이지 잘못 알고 있는 경우에는 그 과정과 시간을 더 늘린다. 이번 파트에서는 소중한 자산을 더욱 불려줄 다양한 금융 서비스에 대해 알아보자.

Part 3

금융의 꽃! 주식, 펀드, 적금, 대출 제대로 알고 하시나요?

주식 해야 할까요? 말아야 할까요?

과거부터 금융의 꽃이라 불리는 주식을 빼고는 투자를 논할 수 없다. 그만큼 주식은 많은 수익률을 볼 수 있는 상품이다. 다만 주식이 반드시 수익만을 가져다주는 것은 아니며 하락했을 때의 손실 역시 크기 때문에 주의를 기울어야 한다. 리스크가 높은 투자 수단이라고 할 수 있다. 특히 잘못 투자했다가 해당 기업이 상장폐지 된다면 투자한 원금 전액을 잃을 수도 있고, 재무제표가 좋지 않은 기업에 투자했다가 거래정지가 되면 원금을 장기간 빼지 못하는 상황이 발생할 수도 있기 때문에 우량 종목 위주의 투자를 권장한다. 그렇다면 지금부터 주식은 어떻게 하는 건지, 어떤 투자 방법을 활용해야 많은 수익을 낼 수 있는지 알아보기 전에 주식 투자를 하는 데 가장 기본이 되는 CMA계좌부터 알아보자.

CMA통장이란?

앞장에서 소개한 윈케이(Win.K) 체크카드가 기억난다면, 이번에 하는 CMA통장에 대한 설명을 비교적 쉽게 이해할 수 있을 것이다. 그럼 증권사의 체크카드와 CMA계좌는 어떤 연관이 있을까? 우선 CMA계좌가 무엇인지, 일반 통장과는 어떻게 다른지 알아보도록 하자. 많은 사람들이 월급 통장으로, 그리고 생활비나 비상금 통장으로 CMA통장을 이용하고 있지만 실제로 CMA가 무엇인지 정확히 알고 있는 사람은 드물다. 지금부터 CMA와 항상 따라다니는 MMF가 무엇인지 알아보자.

CMA는 Cash Management Account의 약자로 고객이 맡긴 예금을 어음이나 채권에 투자해 그 수익을 고객에게 돌려주는 실적배당 금융 상품을 뜻한다. 그리고 MMF는 Money Market Funds의 약자로 투자신탁회사가 고객의 돈을 모아 단기금융 상품에 투자해 수익을 얻는 초단기 금융 상품을 뜻한다.

CMA는 운용 대상에 따라 크게 RP형, MMF형, 종금형, MMW형, 이렇게 네 가지로 구분할 수 있다. 유형별로 운영 구조가 다르기 때문에 주의해야 할 점도 다르다.

RP형 CMA는 일반적으로 많은 직장인이 월급통장으로 이용하고 있는 상품이다. 그렇다면 왜 RP형 CMA를 많이 사용할까? 그 이유는 일반 통장과 마찬가지로 입출금이 자유롭기 때문이다. 또, RP형 CMA는 환매조건부채권에 투자해 운용되기 때문에 자금 운용이 상대적으로 안전한 편이며, 약정된 확정금리로 하루 단위로 이자가 지급되기 때문에 매일 늘어나는 잔고를 확인할 수 있어 많은 인기를 끌고 있다.

CMA는 사실 일단위로 잔고가 늘어나긴 하지만 결국 연 단위 이자를 일 단위로 쪼개서 주는 것이기 때문에 금액은 크지 않다. 그래도 일반 입·출금통장에서는 찾아볼 수 없는 기능이며 잔액이 매일 늘어나는 즐거움이 생각보다 크다. 또한 앞에서 설명한 대로 안전한 채권형 상품에 CMA에 맡겨 놓은 내 자금이 투자되는 것이기 때문에 절대 돈이 줄어들지 않는 특징이 있다. 그 투자 역시 증권회사에서 해주는 것이기 때문에 예금자는 매일 이자만 받으면 된다.

또 다른 장점으로는 공과금이나 인터넷뱅킹 등의 은행 업무도 가능하고, 공모주 청약도 가능하다는 것이다. 2019년도에는 NH리츠, 롯데리츠와 같은 리츠 관련 공모주가 많이 이슈가 됐었고, 올해에는 SK바이오팜, 카카오게임즈, 빅히트엔터테인먼트와 같은 공모주 청약이 굉장히 많은 이슈가 됐었다. 이렇듯 이런 공모주 청약 역시 CMA계좌로 할 수 있기 때문에 직장인을 비롯한 다양한 투자자에게 인기가 많다. CMA계좌를 가지고 있으면 투자의 기회를 항상 열어 놓는 셈이다.

마지막으로 여유 자금이나, 비상금, 투자를 위한 대기 자금 등을 넣어두는 통장으로 사용해도 두루두루 활용할 수 있는 장점도 있다. 게다가 최근에는 증권회사에서도 좋은 혜택이 담긴 체크카드를 연달아 출시하고 있는데 이러한 체크카드 기능까지 활용할 수 있는 장점이 있어 CMA계좌는 직장인에게 많은 인기를 끌고 있다.

그럼 CMA계좌의 안 좋은 부분은 무엇일까? 일반 은행의 계좌는 예금자 보호가 5000만 원까지 되기 때문에 비교적 안전한 반면, RP형 CMA계좌는 예금자 보호가 되지 않는 상품이다. 그렇기 때문에 원금손실의 위험이 있다. 물론 MMF형도 예금자 보호는 되지 않는다. 예금자 보호가 되지 않는다는 것은 내가 개설한 CMA 통장을 발행한 증권회사가 부도 나면 내가 예치한 금액을 보장받을 수 없다는 뜻이다. 증권회사가 도산할 확률은 상당히 낮다지만 미래는 모르는 것이기 때문에 어떤 측면으로 보면 리스크가 있는 상품이라고 할 수 있는 것이다. 또한 CMA와 연동된 체크카드도 보통 제휴돼 있는 금융회사 한 곳을 통해서만 무료로 입 · 출금서비스를 이용할 수 있다. 최근에는 모든 은행 ATM기를 포함해 편의점 ATM기까지 무료로 이용할 수 있는 체크카드가 많기 때문에 상대적으로 이러한 제약은 불편한 점이라고 할 수 있다.

이어서 MMF형 CMA에 대해 살펴보자. MMF(Money Market Fund)는 자산운용사가 고객들의 자금을 모아 펀드를 구성한 다음 금리가 높고 만기 1년 이내인 단기 금융 상품(콜론〔call loan〕, 기업어음〔CP〕, 양도성예금증서〔CD〕)에 집중적으로 투자하여 얻은 수익을 고객에게 돌려주는 초단기 금융 상품이라고 앞부분에서 설명했다. 여기에서 집중 투자하는 대상이 콜론이나 CP, CD이기 때문에 높은 수익률은 기대할 수는 없지만, 상대적으로 안정적으로 운영되는 것이 이 상품의 가장 큰 장점이라고 볼 수 있다. CMA계좌와 같이 입 · 출금 서비스도 가능하고, 하루만 돈을 예치해도 운용 실적에 따른 수익을 일단위로 받을 수 있어서 단기 자금을 운용하는 데 적합하다. 또한 MMF는 법적으로 1년 이내의 우량 채권에만 투자하도록 되어 있으므로 손실에 대한 위험이 지극히 낮은 편이다.

하지만 안정적인 반면 원금이 100퍼센트 보장되는 것은 아니라는 점은 단점이다. RP형 CMA계좌처럼 확정된 금리 수익을 받는 것이 아니라 운용 수익으로 변동금리가 결정돼 적용되기 때문이다. 또한 현금 인출기에서 입 · 출금 서비스를 이용할 수 없고, 결제나 자동이체 등의 기능이 없어 상대적으로 불편한 점이 많이 있다. 그리고 만약 돈을 오늘 예치했다면 다음 날이 되어야 찾을 수 있다는 점과 오전 9시에서 오후 5시까지만 거래가 가능하다는 점 또한 단점이라고 할 수 있다. 그렇기 때문에 입·출금할 필요 없는 여유 자금을 활용하는 용도가 아니라면 이 상품을 이용하는 것이 조금 불편할 것이다. 따라서 RP형 CMA계좌를 활용할지 MMF형 CMA를 활용할지는 각 상품이 가지고 있는 장, 단점을 잘 파악하고 결정해야 한다.

참고로 MMF를 가입할 때는 각 회사에서 제시하는 투자수익률이나 운용규모, 그리고 운용자산 등을 꼼꼼히 살펴야 한다. 특히 운용 규모가 작으면 펀드런(fund run)이 발생할 수 있다. 펀드런이 발생하면 원금 출금을 제한받을 수 있으니 꼭 회사나 가입하는 상품의 규모를 잘 파악하고 가입해야 한다.

구분	RP형	MMF형	종금형	MMW형
투자 방식	국공채, 우량회사채 등에 투자해 약정수익률에 따른 이자 지급	자산운용사가 단기 국공채, CP, CD 등에 투자하여 운용	종합금융회사에서 만드는 상품으로 수익증권, CP, CD 등으로 운용	증권사가 신용등급이 높은 기관의 단기 상품(채권 및 CP, CD) 등에 투자하여 운용
특징	약정된 수익률을 기간별 차등 지급	익일환매	예금자 보호 수익률 비교적 낮음	Wrap 상품의 일종
수익률 형태	확정금리형	실적배당	실적배당	실적배당

수익확률 높은 주식 투자 방법이 있다?

20년도는 코로나 여파로 우리나라뿐 아니라 세계적으로 문화와 삶의 방식이 바뀌어 버린 해로 역사에 기록될 것이다. 특히 주식 시장에서는 불확실한 경제 환경 탓에 코스피 및 코스닥 지수가 순식간에 큰폭으로 내려가며 많은 사람들이 큰 손실을 보는 바람에 패닉에 빠졌었다. 하지만 불과 몇 개월 만에 코로나 사태 이전 수준으로 증시가 급격하게 회복하는 과정에서 어떤 사람들은 큰 수익을 냈을 것이며, 어떤 사람들은 하락 당시 손절을 해서 큰 손해를 보았을 것이다. 특히 코로나 위기가 최고조에 달했던 올해 3월은 코스피지수가 1400선까지 하락했는데 최근에는 코스피지수가 2800선, 코스닥지수는 900선까지 올라오는 등 급격한 변동의 연속이었다. 이렇듯 주가는 외부 환경 요소에 많은 영향을 받기 때문에 정말 한치 앞을 내다볼 수 없다. 올해처럼 증시가 격동적이었던 때가 없었을 것이다.

지금부터는 주식 투자에서 더 높게 수익을 낼 수 있는 확률 높은 투자 방법을 설명하고자 한다. 왜 사람들은 주식 투자를 하려는 것일까? 그 이유는 간단하다. 바로 주식 투자의 수익률이 높기 때문이다. 게다가 최근에는 거의 제로금리에 가까운 저금리시대이기 때문에 예 · 적금에 돈을 묵혀 놓기보다 월급은 물론 더 많은 대출까지 받아서 주식에 모두 쏟아붓는 식으로 공격적인 투자를 하는 사람도 굉장히 많다. 그런데 왜 주변을 보면 수익을 내는 사람보다 손실을 보는 사람들이 많을까? 이것에 대한 정확한 답은 없지만 굳이 답을 내보자면 확률이 낮은 쪽으로 투자하는 사람이 많기 때문이다. 왜냐하면 수익을 낼 확률이 낮은 쪽에 투자하는 것이 오히려 곧 오를 것 같다는 기대감과 상대적 안정감을 심어주기 때문에 많은 사람들이 이러한 방법으로 투자한다.

주식 투자에는 세 가지의 유형이 있다고 할 수 있다.

첫 번째는 과거에 비해 꽤나 하락한 주식에 투자하는 유형이다. 나중에 오를 것이라고 믿기 때문에 가장 구미가 당기는 형태라고 할 수 있다. 두 번째는 거래량이 굉장히 많거나 급등하는 테마주와 같은 종목을 위주로, 단기적으로 높은 수익률을 내면서 종목을 계속 바꿔가며 매수 매도를 반복하는 유형이다. 세 번째는 지속적으로 전 고점을 돌파하면서 주식 차트 꼭대기 층에 있는 종목에 투자하는 유형이다. 물론 이것은 성장주, 배당주 등과 같은 투자 형태로 분류한 것이 아니라 주가의 방향성을 바라보는 유형으로 분류한 것이다. 그럼 각 투자 유형별로 수익률이나 손실률이 평균적으로 어떤지 알아보자.

첫 번째 유형은 보유하고 있는 종목의 주식이 구매한 시점보다 떨어지면 추가 매수로 단가를 희석시켜 마이너스율을 줄여간다. 하지만 많이 하락한 종목이 단기간에 다시 상승할 이유가 있을까?

결국 수 년을 기다려야 겨우 본전 수준에 오르며, 본전에서 대부분 매도함으로써 손실을 보지는 않았다는 안도감에 한 숨 돌린다.

두 번째 투자 유형은 사실 주식을 시작하는 초반에 단기적으로 고수익을 많이 내기도 하는 방법이다. 하지만 주식에서 단기적으로 고수익을 어떻게 매번 낼 수 있을까? 결국에는 특정 몇 종목에 많은 돈이 묶여 장기간 보유하게 되는 상황이 발생한다.

그렇다면 세 번째 유형이라고 무조건 수익이 날까? 필자는 적어도 첫 번째, 두 번째의 투자 유형보다는 수익을 더 안정적으로 낼 확률이 높다고 본다. 달리는 말에 올라타야지, 멈춘 말에 올라탄다면 말의 힘이 부족해 앞으로 계속 달릴 수 없다. 현재 기준으로 특정 종목의 주식 차트를 보니 고점에 있는 종목은 3개월 후, 그리고 6개월 후에 주가가 어떻게 돼 있을까? 현재 고점보다 하락해 있을까? 아니면 상승해 있을까? 여기서 강조하고자 하는 바가 바로 주가의 방향성이다. 상승하는 주식은 장기적으로 계속 상승하기 마련이다. 올해 가장 대표적인 종목이 카카오, 네이버다. '이렇게까지 오를 수 있어?' 하고 다들 놀라며 매수를 못하고 있는 동안, 지속적으로 상승해 어느새 아예 범접할 수 없을 만큼 상승해 버렸다. 코로나 때문에 언택트 관련 주식이 주목을 받았기 때문이다. 지속적으로 상승하는 주식은 현재 기업의 실적도 양호하며, 사회 및 외부 환경상 미래 가치가 높게 평가되기 때문에 지속적으로 상승하기 마련이다. 현재 차트에서 가장 고점에 있다고 비싼 종목이라고 볼 것이 아니다. 고점에 있는 이유가 있는 것이다. 비싼 종목이 비싼 가치를 한다. 몇 개월 후 해당 종목의 주가를 본다면, 당시 봤던 주식 가격이 높지 않았다는 것을 느낄 수 있을 것이다.

이렇듯 상대적으로 가격이 많이 하락했다는 이유로 매수해서, 다시 전 가격으로 회복하면 매도한다는 접근 방식은 적합한 투자 방법이라고 할 수 없다. 많이 하락해 있는 주식이 3개월 혹은 6개월 후에 갑자기 반등해서 올라갈까? 분명히 더 하락해 있을 것이다. 왜냐하면 그 종목은 하락 추세에 있기 때문이다. 그렇다면 반대의 경우는 어떨까? 차트를 봤을 때 우상향하고 있는 종목은 앞으로 더 상승할 가능성이 높다. 지금 아무리 높은 고점에 있더라도 차트가 우상향하는 방향이라면 시간적 여유를 가지고 지속적으로 분할 매수 하는 것이 더 높은 수익을 내는 투자 방법이다. 물론 정말 운이 없다면 내가 매수한 그 시점이 정말 그 종목 주식의 역사에서 최고점일 수도 있지만 이렇게 될 확률은 낮다고 본다.

다만 아무리 차트가 좋고 기업 가치가 높은 종목이 있다 하더라도 가지고 있는 현금의 100퍼센트를 절대로 한 종목에 모두 투자해서는 안 된다. 미래는 한 치 앞을 내다볼 수 없기 때문이다. 이것 역시, 확률에 투자하는 개념이다. 투자할 때는 유망할 것 같은 업종을 3~4개 선정해 업종이 겹치지 않게 종목을 보유하는 것이 안전하다. '계란을 절대 한 바구니에 담지 말라'는, 정말 기본적이면서도 유명한 말이 있는 것처럼, 한 종목에 전액을 투자하는 것은 굉장히 위험하다. 주식 투자는 조금 더 높은 수익을 보고 하는 것인데, 모든 금액이 묶여버리는 큰 리스크를 감수할 필요가 있겠는가?

주식을 하다 보면 매년 많은 사람들로부터 이런 말을 많이 듣는다. "와~ 이 종목 작년에 3만 원이었는데, 벌써 9만 원이나 됐어? 세 배가 순식간이네. 1억을 투자했으면 3억을 벌었을 텐데, 작년에 샀었어야 했는데." 그리고 또 1년후에 이런 말을 듣는다. "계속 오르네? 벌써 12만 원 됐어." 그리고 또 몇 개월 후에 지속적으로 상승하는 이 종목을 보면서 후회한다. 물론 많이 오른 종목이 계속 오르라는 법은 없다. 상승한 시점에서 하락하기 시작하면 한도 끝도 없이 하락할 수도 있기 때문이다. 하지만 어느 누구도 주식의 고점은 알 수 없다. 다만 확률적으로 봤을 때 우상향 하는 종목이 더 높은 수익을 낼 확률이 높은 것 같다는 측면을 강조하는 것뿐이다.

다만 주가가 높은 종목을 매수하려면 용기가 필요하다. 너무 올라버린 가격 때문에 무섭기 때문이다. 하지만 앞에서 설명한 세 가지 유형에 해당하는 종목을 부담되지 않게 1주씩만 매수해 보고 2개월 후에 종목별로 수익률을 한번 비교해볼 것을 권장한다. 분명히 세 번째 유형의 투자 방법이 가장 높은 수익률을 내고 있음을 직접 느낄 수 있을 것이다. 다만, 안타깝게도 주식은 답이 없다. 주식은 가능성과 확률에 투자하는 것이기 때문이다. 답이 있었다면 주식 투자를 하는 사람 모두 부자가 됐을 것이다. 확률이 높은 곳에 투자해서 내가 이익을 볼 수 있는 가능성과 확률을 높이는 것뿐이다. 주식은 확정된 수익을 보장해 주지 않기 때문에 '주식 투자는 리스크가 크다'라고 하는 것이다. 하지만 다른 관점에서 본다면 리스크가 크기 때문에 다른 투자 상품보다 더 높은 수익률을 낼 수 있는 것이다. 사회 초년생이라면 적정한 수준의 자금으로 주식 투자를 해보라고 권한다. 기업과 경제를 바라보는 시각이 한층 더 넓어지고 깊어질 것이다.

해외 주식에 어떻게 투자할까?

최근 애플, 테슬라, 아마존 같은 해외 주식에 대한 이야기를 많이 들었을 것이다. 하지만 해외 주식은 괜히 낯설게 느껴진다. 국내 주식에 투자하기도 벅찬데 무슨 해외 주식? 어떻게 해? 계좌도 별도로 개설해야 하고 외화도 사야 하고 복잡하고 어려울 것 같은데? 이런 선입견을 많이 가지고 있다. 하지만 해외 주식은 의외로 어렵지 않다. 평소 국내 주식을 하는 CMA 계좌로 누구나 쉽게 국가별 모든 종목을 쉽게 매수 · 매도할 수 있기 때문이다. 2020년은 해외에 투자하는 국민의 투자 규모가 사상 최대치를 갱신한 해라고 하고, 주변 사람들을 살펴봐도 이미 많은 사람들이 해외 주식에 투자하고 있다. 왜 국내 주식이 아닌 해외 주식에 투자할까? 각 국가별로 증시 상황이 다르기 때문이다. 국내 증시가 꼭대기까지 오른 상태라고 판단한 사람이 많을 수도 있고, 미국, 중국 같은 해외 증시의 상승폭이 더 클 것으로 기대하기 때문일수도 있다.

그럼 해외 주식에 어떻게 투자할까? 아주 간단하다. 사용하는 국내 증권사 주식 앱으로 누구든지 쉽게 국내 주식을 매매하듯이 할 수 있다. 증권회사별로 해외 주식에 투자하는 데 필요한 각종 동의 절차 과정은 다를 수 있지만 어쨌든 다 앱상에서 진행되기 때문에 별도 지점은 방문하지 않아도 된다. 증권사 앱을 켜고 전체 메뉴를 누르면, 그중 '해외 주식 매매하기'라는 메뉴를 쉽게 찾을 수 있다. 증권사에 따라 해외 주식 전용 앱을 별도로 설치해야 하는 경우가 있지만 국내 주식을 매매하는 방법과 동일하기 때문에 절대 부담 가질 필요가 없다. 다만, 각 국가별 주식에 투자하기 전에 환전을 해야 한다. 미국 주식을 사려면 원화로 넣은 금액을 달러로 환전 신청 하면 되고, 중국 주식을 사려면 위안화로 환전하면 된다. 환전 역시 증권사 앱으로 간편하게 할 수 있다. 또한 상하한폭과 장 운영시간이 국가별로 다르다는 점도 해외 주식에 투자하기 전에 체크해야 할 포인트다. 예를 들어 국내 주식은 상하한가가 30퍼센트로 설정돼 있는 반면, 미국은 상하한가가 없다. 그렇기 때문에 본인이 투자하려고 하는 국가의 거래 방법과 관련된 정보는 자세하게 확인하고 시작하는 것이 좋다.

〈국가별 상하한가 폭〉

구분	한국	중국	미국	싱가폴	홍콩	일본
상하한가 폭	30퍼센트	10퍼센트	제한 없음	제한 없음	제한 없음	주가에 따라 다름

〈국가별 주가 최소 매매수량〉

구분	한국	중국	미국	싱가폴	홍콩	일본
최소 매매수량	1주	100주	1주	1000주	100주	종목별 상이

〈국가별 주식 거래 시간 / 한국 시간 기준〉

구분	한국	중국	미국
운영시간	09:00~15:30	10:30~12:30 14:00~16:00	23:30~06:00
구분	싱가폴	홍콩	일본
운영시간	10:00~13:00 14:00~18:00	10:30~13:00 14:00~17:10	09:00~11:30 12:30~15:00

해외 주식에 투자할 때 또 주목해야 할 포인트는 환율이다. 예를 들어 애플주식 1주를 매수했는데 1개월 사이에 5퍼센트가 상승한 상황을 가정해 보자. 그럼 해외 주식에 대한 투자 수익은 5퍼센트일까? 종목이 상승한 5퍼센트에 환율의 상승 혹은 하락 분을 더해야 한다. 애플 주식 1주는 달러로 매수한 것이다. 그 1개월 사이에 달러의 가치도 올랐거나 떨어졌을 것이다. 달러의 가치가 1퍼센트 올랐다면 5퍼센트 + 1퍼센트로 총 6퍼센트의 수익인 것이고, 달러의 가치가 1퍼센트가 떨어졌다면 5퍼센트 − 1퍼센트로 총 4퍼센트의 수익인 것이다. 주식의 가치에 환율이 겹쳐서 움직이기 때문에 어떻게 보면 재미있는 요소이기도 하고, 어떻게 보면 리스크라고도 볼 수 있는 부분이다.

코로나 때문에 세상이 변화하면서 주식 역시 향후 새로운 업종이 주목을 받게 될 것이다. 국내 상황만 보더라도 그동안 잘 시행되지 않던 재택근무가 단 시간에 정착 단계에 이르렀고, 잘 팔리지 않고 오히려 쓰고 다니면 이상하게 쳐다보던 마스크는 이제는 쓰고 다니지 않으면 벌금까지 내는 상황이 되었다. 뿐만 아니라 손 소독제 역시 줄을 서서 사야 되는 품목이 되어 버렸으며, 사람을 만나 식사하고 회의하고 교육하던 대면 문화도 순식간에 비대면, 화상으로 대체되었다. 이러한 변화는 연관된 기업의 실적과 연결되고, 해당 기업의 주가 상승과 직결될 것이다. 반대로 코로나 때문에 사람들이 해외여행을 가지 않으므로 항공업, 숙박업, 관광업 같은 업종은 막대한 피해를 입었고 엄청난 주가 하락까지 일어났다. 이것이 외부 환경이 기업에 가하는 영향력이고, 이것에 주가가 바로 연동되는 것이다.

투자라는 것은 본인만의 확고한 신념과 논리를 바탕으로 시작해야 한다. 누군가가 추천해서 매수하는 것이 아니라, 각자의 분석과 주변의 정보를 종합해서 판단해야 한다. 그리고 그 투자 결과에 만족했는지, 틀린 예측은 없었는지 검토를 반복하면서 투자의 감을 익혀야 한다. 주식은 1, 2년 짧게 하고 그만두는 투자 수단이 아니라 장기간 해야 하는 투자 수단이기 때문이다. 지금 당장 큰 돈을 벌려고 투자한다기보다는 지금 주식을 하는 궁극적인 이유가 투자의 적중률을 높이고 수익률을 관리하는 감을 익히는 것이라는 걸 명심해야 한다.

02

목돈을 만들어주는 투자 방법!
(적금/예금/펀드!)

모든 투자에는 큰 돈이 필요하기 마련이다. 모든 투자는 수익률과 규모에 따라 결과가 달라지기 때문이다. 즉, 10퍼센트의 수익이 났을 때 투자한 원금이 100만 원이었다면 10만 원의 수익이 나는 것이고, 투자한 원금이 1억이었다면 1000만 원의 수익을 거두게 된다. 이렇듯 같은 수익률이라도 벌 수 있는 수익액을 키우려면 씨드머니라고 불리는 목돈이 있어야 하다. 다만, 사회 초년생은 큰 목돈을 바로 만지기가 어렵다. 그렇기 때문에 사회 초년생일수록 예금, 적금, 펀드와 같은 상품을 활용해 목돈을 만들려고 노력해야 한다. 목돈을 먼저 만드는 사람이 그렇지 않은 사람보다 재테크 전

쟁에서 유리한 고지에 서게 된다. 그럼 어떤 방법으로 목돈을 만들어야 할까? 이번 파트에서는 목돈을 만들 수 있는 다양한 투자 방법을 알아보자.

예금과 적금을 해야 하는 궁극적인 이유가 있다!

우리는 왜 예금이나 적금 상품을 하나쯤 가입하고 있을까? 연이자 3퍼센트, 월 납입금 50만 원, 1년 만기 적금 상품에 가입할 경우 세후 이자는 8만2485원으로 생각보다 크지 않다. 매월 50만 원씩 1년간 연체 없이 꼬박 납입해야 이자 8만2485원을 받는 것이다. 하지만 사상 최저 금리 시대인 요즘에는 3퍼센트 이율 상품도 거의 없을 뿐만 아니라, 3~5퍼센트 상품이 있더라도 월 납입금은 20~30만 원 수준으로 제약이 걸려 있다. 즉, 1년짜리 적금 상품에 가입하더라도 8만 원의 이자조차 못 받게 된 것이 요즘의 현실이라 할 수 있다. 그럼에도 불구하고 왜 사람들은 적금을 가입하라고 할까? 그 이유는 바로 목돈을 만들 수 있기 때문이다. 모든 투자는 씨드머니라고 불리는 목돈이 있어야 그 진가를 발휘한다. 부동산을 살 때도 목돈이 있어야 하며, 주식을 할 때도 목돈이 있어야 좋은 결과를 볼 수 있다. 적금을 가입해 매월 100만 원씩 1년을 모으면 이자비용을 제외하고 1200만 원이라는 목돈을 만들 수 있다.

물론 입 · 출금 통장에 매월 100만 원씩 모아갈 수도 있지만 묶여 있지 않으면 쉽게 써버릴 수 있기 때문에 반 강제성을 띤 적금이라는 상품으로 목돈을 만드는 것이다. 특히 신입 사원이 4년간 매월 100만 원씩 모은다면 4800만 원이 넘는 금액을 30세 이전에 손에 쥘 수 있는 것이다. 이런 씨드머니가 커질수록 투자할 수 있는 범위 역시 점점 커진다. 만료된 적금 상품의 원금은 다시 예금으로 재예치하고, 신규로 가입한 적금을 꾸준히 납입해 가면서 차곡차곡 목돈을 모아야 한다. 그래야 본격적인 재테크가 가능하게 된다. 이자 수익을 얻으려고 적금이나 예금을 가입하는 것이 아닌, 더 큰 투자에 필요한 목돈을 모으고자 예금과 적금을 활용한다고 생각하는 것이다.

〈1년만기 적금 예시 표〉

월납입금	연이율	세전이자	세후이자	만기 수령액
500,000원	3퍼센트	97,500원	82,485원	6,082,485원
500,000원	5퍼센트	162,500원	137,475원	6,137,475원
1,000,000원	3퍼센트	195,000원	164,970원	12,164,970원
1,000,000원	5퍼센트	325,000원	274,950원	12,274,950원

사회 초년생들이 하는 예 · 적금 풍차돌리기의 효과는?

사회 초년생이라면, 그리고 재테크에 관심이 있는 사람이라면 누구나 한 번쯤 풍차돌리기 예 · 적금에 대한 내용을 접해본 적이 있을 것이다. 풍차돌리기 적금이란 1년 만기 적금 상품을 매월 가입하는 것이다. 예를 들어 첫 달에 10만 원을 납입하고, 두 번째 달에는 지난 달에 가입한 적금과 이번 달 새로 가입한 적금에 각 10만 원씩 총 20만 원, 다음 달은 세 개 적금통장에 각 10만 원씩 납입하여 총 30만 원. 이러한 형태로 매월 납입하는 금액을 점차 늘려 나간다. 그리고 마지막인 열두 번째 달에는 열두 개의 적금 통장에 총 120만 원을 납입해, 13개월 차부터는 매달 한 개씩 적금 만기통장이 생기도록 만드는 저축 방식을 풍차돌리기 적금이라고 한다. 풍차돌리기 예금도 같은 방식으로 매달 예금 상품을 한 개씩 가입해 나가는 것이다. 보통 풍차돌리기의 장점으로 13개월 차부터 매달 만기가 되는 상품이 돌아와 매달 목돈이 생기므로 비교적 큰 성취감을 느끼게 되고 동시에 저축을 더 많이 하는 원동력으로 작용하게 된다는 것이라고 말한다. 만기가 된 원금과 이자를 다시 예 · 적금에 재예치해서 복리 효과도 얻을 수 있다. 갑자기 급전이 필요하다면 통장 중 일부만 해지하고 나머지 통장의 이자는 보전함으로써, 현금 유동성 확보 및 중도 해지 리스크를 줄이는 장점이 있다. 이렇게 풍차돌리기는 좋은 점이 많이 있지만, 상대적으로 단점도 많이 있다. 일단 풍차돌리기 저축 방법은 매달 예 · 적금 통장을 새로 개설하고 운영하는 데 많은 시간과 노력을 들여야 하는데 그에 비해 얻는 수익이 크지 않다. 만약 가입한 적금 상품의 월 불입금, 금리, 만기까지의 거치 기간, 이자 과세율 등 가입 조건이 같다면 그 상품을 열두 개 통장으로 쪼개서 가입하나 하나의 통장에 몰아서 가입하나 결국 만기 시 손에 쥐는 금액은 같기 때문이다. 1년을 공들여 풍차를 돌렸다고 이자 수익을 더 받는 것은 아니라는 뜻이다. 그리고 일반적인 방식으로 평범하게 적금을 부으면 1년 이후 만기가 돼 원금과 이자를 돌려받고 이 돈을 다른 데 활용할 수 있지만 풍차돌리기는 매달 개설한 12세트를 마치려면 24개월이 필요하며 돈이 계속 묶여 있기 때문에 시간적으로도 손해인 셈이다. 게다가 풍차돌리기 방식은 월 불입액이 첫 달에 소액으로 시작하지만 매달 점차 늘어나는 방식이라 풍차 초기에 남는 여유 자금을 따로 굴릴 방안도 찾아야 하며, 요즘 같은 저금리 시대에는 괜찮은 금리를 주는 상품에 매월 1개씩 가입하기가 쉽지 않을 것이다. 또한 첫 상품을 가입한 다음 수 개월 지나면 통장 개수가 많아져 납입 순서와 불입 금액을 따로 정리해서 관리할 수밖에 없는데 이런 방식이 익숙하지 않은 사람이라면 바쁜 일상 속에 정말 귀찮은 일이 될 것이다. 사실, 요즘 시중은행의 특판 상품이 아닌 일반적인 예 · 적금 금리는 소비자물가상승률(17년 1.9퍼센트, 18년

1.5퍼센트, 19년 0.4퍼센트)을 감안하면 이자가 거의 없는 수준이기 때문에 이런 저금리 상품을 열두 개나 가입해서 풍차를 돌리는 것은 여간 번거로운 일이 아닐 수 없다. 더불어 풍차돌리기의 장점으로 복리 효과도 많이 언급하지만 복리는 보통 연금과 같은 몇 십 년 장기 상품에서 진가를 발휘하는 것이다. 즉, 긴 시간을 거쳐 이자에 이자가 붙어야 비로소 복리 효과가 나는 것이라서 풍차돌리기 같은 1년짜리 단기 예 · 적금을 저금리로 중복 운용하면서 거둘 수 있는 복리 효과는 사실상 체감하기 어렵다.

마지막으로, 급전이 필요할 때 통장 중 일부만 해지해서 리스크를 줄일 수 있다는 장점 역시, 이미 많은 사람들이 예 · 적금을 시작할 때 큰 돈을 한 통장에 넣기보다는 분산해서 비상시를 이미 대비하고 있으므로 큰 의미가 없다. 또한 해지해야 하더라도 가입해 둔 상품이 '일부해지서비스'를 제공한다면 예치금 중 일부만 찾고 해당 금액만 중도해지금리를 적용받는 방법도 있다(단, 특판 등 일부 상품은 일부 해지가 불가하며, 상품에 따라 횟수를 1~3회로 제한한다) 더불어, 내가 가입한 상품이 혹시 특별중도 해지서비스를 제공하지 않는지도 확인해볼 것을 권장한다. 결혼, 주택구입, 창업 등 특정 사유가 있을 경우에 해당 증빙 서류를 제출하면 우대금리는 받지 못하더라도 기본 금리까지는 보장받을 수 있기 때문이다. 이렇듯 풍차돌리기 저축 방식은 장점과 단점을 모두 가지고 있다. 누군가에게는 이 방법이 적합할 수도 있고, 누군가에게는 오히려 방해가 될 수도 있다. 즉, 자신의 저축 성향을 잘 파악한 후 활용 여부를 결정해야 한다.

이자에 부과되는 세금을 절세하는 방법?!

예 · 적금 가입 시 더 많은 이자를 받는 방법, 특히 이자에 부과되는 세금을 절세하는 방법을 알아보자. 예 · 적금의 이자는 가입금액(예금)/월적립금액(적금), 해당 상품의 금리, 가입부터 만기까지의 계약 기간, 이자에 대한 과세율 등으로 결정되는데 더 많은 금액을, 더 높은 금리로, 오래 넣어둘수록 이자가 높아지게 된다. 더불어 만기 시 발생한 이자 소득에 부과되는 세금을 조금이나마 줄일 수 있다면 수중에 더 많은 수익을 챙길 수 있다. 그럼 이자 수익은 어떻게 과세가 될까? 이자 소득의 과세 방식에는 일반 과세, 세금 우대, 비과세 세 가지가 있다. 우선 일반 과세는 예 · 적금 상품 만기 시 발생한 이자 소득에 소득세 14퍼센트, 주민세 1.4퍼센트를 합쳐 15.4퍼센트를 제하고 나머지를 지급하는 것을 뜻한다. 시중의 대부분 상품이 일반 과세이니, 사실상 혜택이 약한 것이라 할 수 있다. 수익의 15.4퍼센트를 떼 가기 때문이다. 그 다음, 세금 우대는 제2금융권의 새마을금고, 신협, 단위 농협, 수협과 같은 상호금융조합에서 예·적금 만기 시 발생한 이자 소득에 2금융권 통합 3000만 원 한도 내에서 농특세 1.4퍼센트만 부과하고 나머지를 지급받는 것을 뜻한다. 거의 비과세에 가까운 것이다. 세금 우대 혜택뿐만 아니라 예·적금 이율도 1금융권보다 높은 편이고, 5000만 원의 예금자 보호까지 적용되기 때문에 먼저 제2금융권의 예·적금을 3000만 원 한도까지 채워 가입한 이후 1금융권 예·적금에 가입하는 것이 최고의 이자 수익을 내는 방법인 것이다.

또, 세금 우대를 받으려면 조합 지점의 조합원으로 가입해야 한다. 지금 살고 있는 거주 주소지나 직장 주소지에 위치한 신협, 새마을금고 지점에 방문하여 조합원으로 가입하고 예·적금을 개설하면 세금 우대 혜택이 제공된다. 조합원으로 가입하려면 해당 지점의 출자금 통장을 만들어야 하는데, 지점별로 최소 가입 금액인 한 좌(1좌)의 금액이 다른데, 보통 1~5만 원 정도로 보면 된다. 참고로 주의할 점은 출자금 통장은 예·적금 상품이 아니고, 해당 은행 지점의 조합원으로 가입해서 자본금을 거치하는 개념이다. 출자금 통장은 1000만 원까지 비과세에, 매년 자본금 운용 수익으로 발생되는 이익을 배당금으로 수령받는다는 장점이 있지만, 예금자 보호는 되지 않으며 해당 상품을 해지할 때 통장의 돈을 바로 찾지 못하고 다음 연도 초 총회 결산 이후 받는다는 단점이 있다. 그렇기 때문에 세금 우대 혜택 목적으로 가입하는 것이라면, 출자금 통장은 최소 금액으로 개설하는 것이 좋다. 참고로 세금 우대 세율은 아래 표와 같이 단계적으로 상승할 계획이다.

구분	세금 우대
~2020년까지	1.4퍼센트 (이자 소득세 0퍼센트 + 농특세 1.4퍼센트)
2021년 1월 1일~2021년 12월 31일	5.9퍼센트 (이자 소득세 5퍼센트 + 농특세 0.9퍼센트)
2022년 이후 ~	세금 9.5퍼센트 (이자 소득세 9퍼센트 + 농특세 0.5퍼센트)

마지막, 비과세종합저축은 이자에 대한 세금을 전혀 부과하지 않는 것인데 가입 대상자가 만 65세 이상 어르신, 장애인, 독립유공자, 국가유공자, 기초수급자 등으로 제한돼 있다. 이렇게 일반 과세, 세금 우대, 비과세로 가입해서 얻는 이자 소득의 차이를 비교해 보자. 3000만 원을 1년짜리 예금에 2퍼센트의 이율로 가입할 경우, 만기 시 받는 이자는 다음 표와 같다. 비과세와 일반 과세의 차이가 9만 원이 넘게 난다. 이자로 9만 원을 받으려면 앞에서 예로 들었던 3퍼센트 이율로 1년간 50만 원짜리 적금이 세후이자가 8만2485원이었으니 얼마나 많이 차이 나는지 감이 올 것이다. 이렇게 과세까지 챙기는 것이 재테크의 진정한 시작이라고 할 수 있다.

구분	비과세 (0퍼센트)	세금 우대 (1.4퍼센트)	일반 과세 (15.4퍼센트)
만기이자지급액	600,000원	591,600원	507,600원

5퍼센트 이상의 고금리 특판 상품을 노려라!

코로나19 사태로 유례없는 경기 침체가 찾아와 기준금리가 0.5퍼센트까지 인하되었다. 이에 저축은행을 포함해 시중은행 모두 예·적금 상품으로 제시하는 금리의 비율이 워낙 낮아 많은 사람들이 이자 수익에 만족하지 못하고 있다. 이런 상황에서 다양한

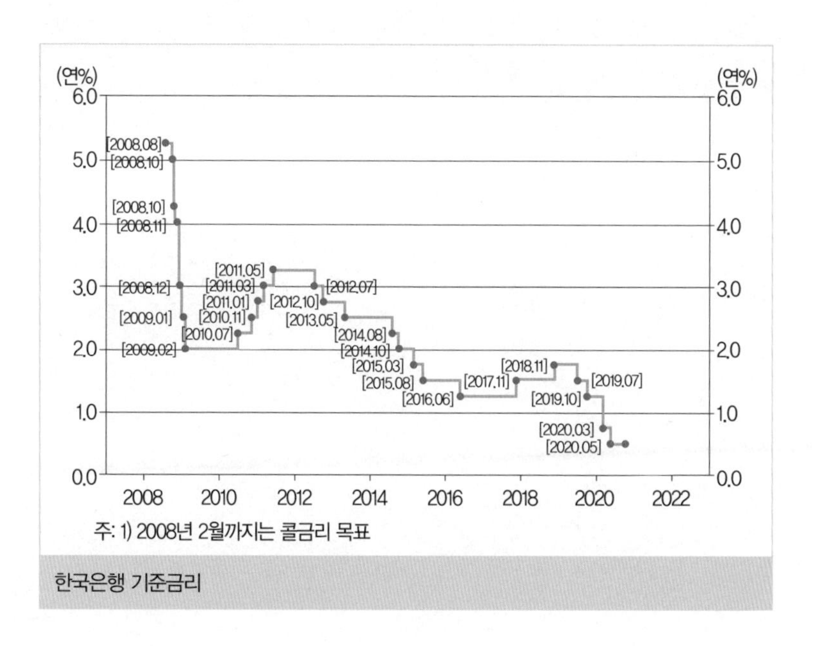

한국은행 기준금리

금융기관이 핀테크사와 제휴해 적금 특판 상품을 연달아 출시하고 있다.

물론 가입할 수 있는 금액은 월 10~30만 원 정도로 한정돼 있고, 해당 제휴 기관에 신규 회원으로 가입해야 하는 등의 제약도 있지만 요즘 같은 저금리 시대에 보기 드문 이율을 주는 금융 상품이기 때문에 출시되는 즉시 완판되는 상황이다. 리스크가 상대적으로 큰 주식보다 안정적인 데다가, 다양한 기관에서 세 개 내외의 상품을 가입하면, 어느 정도 고이율로 적금을 가입하는 것과 같은 효과이기 때문에 이런 적금 특판 상품은 꼭 가입하길 권장한다. 또한 이 상품에 가입한다는 것은 신규 회원으로 가입하는 것인데, 이 경우 일반적으로 신규 회원 가입에 따른 추가 혜택이 있으니 이 부분도 같이 챙기자.

새로운 투자 플랫폼을 경험하라!

과거에는 적금, 예금, 주식, 부동산과 같은 것이 대표적인 투자 종류였을 것이다. 하지만 디지털 기술이 발달해 가면서, 세상에 이를 넘어서는 새로운 투자 플랫폼이 생겨나고 있다. 개인 간 P2P 대출 서비스부터, 부동산을 지분 단위로 거래하는 부동산 거래 플랫폼인 카사(KASA), 누구든지 저작권료를 받을 수 있는 저작권 공유 플랫폼인 뮤지카우(musicow), 대출심사 없이 대출을 받을 수 있고 높은 이자 수익까지 얻을 수 있는 일명 온라인 계모임 서비스인 아임인(imin) 등 기존의 틀을 깬 편리하고 혁신적인 서비스들이 나오면서 투자의 범위와 폭이 넓어지고 있다. 이런 다양한 플랫폼

서비스에 대한 경험과 지식은 투자의 시야를 넓혀준다. 이에 해당하는 대표적 서비스에 대해 알아보자.

부동산도 5만 원으로 살 수 있다?!
부동산 지분 거래 플랫폼 카사(KASA)란?

조물주 위에 건물주라는 말은 대한민국 국민이라면 누구나 들어봤을 것이다. 그만큼 대한민국에서는 부동산의 가치가 많이 올라, 건물 한 채 정도 보유하고 있으면 경제적으로 아무것도 부러울 것 없다는 생각에 이 말이 탄생했다고 할 수 있다. 우스갯소리로 초등학생 장래희망 중에 건물주가 있다고도 한다. 씁쓸하지만 어쩔 수 없는 현실이기도 하다. 이렇듯 지나치게 올라버린 부동산 가격 때문에 특정 건물, 특히 빌딩과 같은 상업용 부동산에 투자하는 것은 이제 어려운 일이 되어 버렸고, 적어도 몇 천만 원에서 몇 억 원 단위의 투자 자금이 있어야만 가능할지도 모른다.

하지만 최근 누구나 쉽게 건물에 투자할 수 있는 '카사'라는 부동산 투자플랫폼이 출시돼 재테크 측면에서 굉장한 주목을 받고 있다. 카사는 금융위원회에서 혁신금융사업자로 선정될 정도로 기술과 혁신성, 안정성까지 갖추고 있기 때문에 많은 사람들이 주목하는 것인지도 모른다. 특히 대한민국에서 상업용 부동산으로 많은 수익을 낼 수 있다는 사실은 이미 과거부터 증명되어 온 부분이라 사람들이 더 많은 관심을 갖는 게 아닐까 하는 생각도 든다. 그럼 카사는 정확히 무엇일까?

카사란 일반 개인이 투자하기 어려웠던 상업용 부동산에 누구나 쉽게 소액으로 투자해 수익을 낼 수 있게 해주는 부동산 거래 플랫폼 서비스라고 할 수 있다. 즉, 건물 투자를 주식 거래처럼 간편하게 할 수 있게 해주는 서비스가 만들어진 것이다. 특히 언제든지 내가 원할 때 사고, 원할 때 팔고, 필요할 때는 잠깐 출금까지 할 수도 있는 거래 시스템이다. 수천만 원에서 수억 원이 필요한 일반적인 부동산 투자와는 다르게 5000원의 소액부터 부동산에 투자가 가능한 점이 특징이다. 쉽게 말하면 수십억 원, 수백억 원짜리 건물도 지분을 나눠서 살 수 있기 때문에 이제 누구든지 건물주가 될 수 있는 방법이 생긴 것이다. 카사에서는 건물 지분을 댑스(DABS)라고 하는데, 댑스라는 것은 Digital Asset Backed Securities의 약자로 임대수익, 매매차익, 빌딩 처분 수익을 누릴 수 있는 빌딩 수익 증권의 지분을 의미한다. 카사는 이 댑스를 여러 명이 나누어 매매하는 형태인 것이다. 건물 임대수익을 받고 사는 사람들이 제일 부러웠는데 이제 건물을 꼭 통째로 사지 않더라도 댑스로 부동산 지분에 투자해 정기적으로 수익을 얻을 수 있게 되었다.

그럼 수익은 어떻게 생길까? 건물을 소유하면서 얻을 수 있는 수익은 크게 두 가지로 시세가 오르면 얻는 시세차익이 있고, 해당 건물을 임대해 임차인으로부터 얻는 임대료가 있다. 카사에서도 댑스 가격이 오르면 매도해 시세차익을 남길 수 있고, 댑스를 보유하면서 임대배당수익을 받을 수도 있다. 이렇게 실제 부동산을 보유하고 있는 것과 같이 두 가지 형태로 수익을 얻을 수 있는 것이다.

또한 카사 서비스는 여러 가지 방법으로 거래와 투자시스템에 대한 안전장치를 만들어 놓았다. 금융위원회가 2019년도 혁신금융서비스로 지정했을 뿐만 아니라, 국내 금융기관과 제휴해 안정적인 서비스를 제공할 수 있는 인프라도 구축했다. 그리고 신탁사에 처분신탁 된 부동산으로 투자자의 권리를 안전하게 보호하고, 정보보호 국제 표준인증 취득으로 국제적 수준의 보안체계까지 갖추었다. 쉽게 말해 모든 사람들이 부동산에 투자하고, 그 권리를 사고팔 수 있는 정말 안전한 부동산 간접투자 플랫폼이 완성된 것이다. 향후 부동산의 가치가 어떻게 될지 아무도 예상할 수 없지만, 아직까지는 부동산 투자가 수익률 측면에서 나쁘지 않다는 것을 누구나 안다. 다만 부동산 투자는 상당히 고액의 비용이 들었기 때문에 투자를 못 했을 뿐이었다. 부동산의 가치는 매년 꾸준히 오르는데, 지금까지 다양한 이유로 해보지 못한 부동산 투자를 이제는 5000원으로 할 수 있으니, 매일 불필요한 소비를 줄이고 절약한 금액만큼 카사에서 부동산 투자를 해보는 것도 새로운 재테크 경험이 될 것이다.

저작권 매매를 통해 평생 저작권료를 받는 방법!

투자라고 하면 일반적으로 주식, 펀드, 적금, 채권과 같은 것이 대표적이다. 하지만 최근 코로나 바이러스 확산으로 유례없는 금리 인하 기조가 지속되고 있고 얼마전 DLF 사태까지 터지면서 리스크가 큰 주식을 제외하고 나면 안전하게 수익률을 거둘 수 있는 투자처가 없는 것이 현재 상황이다. 그렇기 때문에 각 금융기관에서 특판 형태로 진행하는 3~5퍼센트 적금 상품이 나오면 사람들이 벌떼처럼 몰려들어 가입조차 하기 어렵다. 이와 같이 리스크를 최소화한 투자처가 주목받고 있고, 부동산이나 리츠펀드, 채권 담보 등 고수익에 의존하던 이들도 안정적이고 가치 있는 투자처를 찾고 있다.

많은 사람들이 유명 가수나 작곡가들을 부러워한다. 노래가 유명해지면 매월 들어오는 저작권료 수입이 엄청나기 때문이다. 그런데 최근에 가수나 작곡가가 아니더라도 저작권료를 받을 수 있는 저작권 공유 플랫폼, 뮤지카우가 생겼다. 뮤지카우는 세계 최초의 음악 저작권료 공유 플랫폼인데, 쉽게 표현하면 음악 저작권료 지분을 사고팔 수 있는 '저작권료 지분 거래소'라고 할 수 있다. 작사, 작곡을 하지 못해도, 그리고 꼭 음악 관련 일을 하지 않더라도, 누구나 저작권료를 받을 수 있는 방법이 생긴 것이다. 저작권료의 특성상 손실이 나기 힘들기 때문에 평생 연금과 같이 꾸준한 수익을 기대할 수도 있다. 그럼 어떠한 형태로 투자할 수 있고, 어떻게 저작권료를 정산 받으며, 기대수익률은 얼마나 되는지, 마지막으로 저작권 공유플랫폼을 이용할 때의 주의사항 같은 것은 어떤 것이 있는지 하나씩 살펴보자.

투자 방법은 아주 간단하다. 먼저 간단하게 이메일 주소와 본인 인증을 해서 뮤지카우라는 사이트에 가입한 다음, 진행 중인 옥션을 보고 앞으로 인기가 많을 것으로 예상되는 곡에 입찰한다. 본인이 저작권을 사고자 하는 곡목을 선택하고 해당 곡의 총 지분 수와 낙찰 현황을 확인하고 입찰하는 구조이며, 사이트에서 제공하는 곡별 과거 저작권료 데이터를 확인하고 투자를 결정해도 된다. 또한 언제든지 입찰을 취소할 수 있고 금액과 수량을 변경해 재입찰도 할 수 있다. 하지만 마감 당일에는 취소나 하위 재입찰이 불가능하다. 총 배정 주식을 가장 가격이 높은 순서로부터 낙찰한다. 내가 써낸 가격에 낙찰받을 수 있는지는 마감 시간이 되어야 알 수 있지만, 실시간으로 낙찰 현황이 보이기 때문에 반드시 낙찰받고 싶은 곡이 있다면 수시로 확인하면서 유리한 가격대로 움직이는 것도 좋은 방법이다.

신청한 가격에 낙찰을 받으면 그 곡에 대한 저작권료 지분을 보유하는 것이다. 보유한 저작권료 지분 수만큼, 해당 곡으로 발생한 저작권료 수익이 매달 들어온다. 또 유저 간 거래 서비스가 있어 내가 보유하고 있는 지분을 팔 수도 있고, 과거에 이미 옥션이 종료된 저작권을 살 수도 있다. 이러한 형태로 저작권을 내가 낙찰받은 금액보다 더 비싸게 유저 간 거래로 다시 팔 경우 단기적으로 높은 수익을 얻을 수 있다. 유저 간 거래에서는 매월 저작권료가 많이 들어오는 곡일수록, 인기가 많아질 것으로 예상되는 노래일수록, 팬덤이 견고한 가수의 노래일수록 더 높은 가격에 팔린다. 이 부분은 주식 거래와 아주 비슷한 시스템이라고 할 수 있다.

유저 간 거래를 통한 시세차익이 아닌, 곡에 대한 지분을 계속 보유하면서 오래동안 저작권료를 받고 싶다면, 옥션 상세페이지 아래에 있는 저작권료 데이터를 보고 꾸준히 저작권료를 받을 수 있는 곡인지, 구매가 대비 수익률이 어느 정도 되는지 잘 확인해서 구매하면 된다. 리메이크 가능성까지 보인다면 금상첨화일 것이다. 그리고 각종 커뮤니티에서 유저 간에 적극적인 정보 교류를 하기도 하니 이 점도 참고하면 도움이 될 것이다.

원금 회수가 저작권 투자의 가장 중요한 조건이라면 꾸준히 재생되는 대중적인 노래 위주로 보유하는 것이 유리하고, 위험을 감수하더라도 단기간 고수익을 노리는 사람은 비교적 최근에 나온 곡을 노려보는 것이 괜찮다. 보통 곡이 발매된 직후에 저작권료가 가장 많이 나오기 때문에 적당히 저작권료를 수령하고 적정한 시점에 저작권 가격을 소폭 올려 되팔면 추가적인 시세차익도 얻을 수 있다. 특히 인기가 많지 않은 신인 가수의 저작권을 저렴하게 구입해 두었는데 향후 많은 인기를 끌게 될 경우, 저작권료 수익을 거둘 수 있을 뿐만 아니라 유저 간 거래에서의 지분 가격 자체도 올라가기 때문에 큰 수익을 노릴 수 있다.

그럼 주의사항으로는 어떤 것들이 있을까? 뮤지카우 홈페이지를 보면 2019년 회원들의 옥션 평균수익률이 연 9.1퍼센트, 유저 간 거래는 18.4퍼센트라고 설명하고 있지만, 사실 평균치일 뿐이지 음악별로 다를 수 있다는 점을 기억해야 한다. 쉽게 표현하면 음악이라는 것이 대체적으로 처음 출시되었을 때 인기가 가장 좋다가 점차 시들기 마련이기 때문에, 시간이 지날수록 저작권료는 줄어드는 경향이 있다는 것을 염두에 두어야 한다. 실제 통상적으로 저작권료는 첫해에 가장 많이 발생하고, 1~2년 차에 점진적으로 하락한 후 안정되는 추세를 보인다. 반면 유명한 고전 명곡은 오히려 역주행하는 경우도 있다. 매년 반복적으로 계절, 시간이 오면 인기가 오르는 곡이 대표적이라 할 수 있다.

최근에 다양한 아티스트가 뮤지카우에 많이 참여하고 있는데, 이는 옥션에서 자신의 곡이 대중에게 더 높은 가치로 재평가 받기를 원하기도 하고, 팬들과 긴밀하게 관계를 형성할 수 있기 때문이기도 하다. 또, 뮤지코인은 옥션을 통해 상승한 금액의 절반을 아티스트에게 전달하는데, 이를 통해 창작 아티스트들은 다음 음악 활동에 전념할 수 있게 되고, 더 좋은 곡들이 배출될 수 있는 선순환 구조가 만들어지는 것이다. 또한 팬들에게는 내가 좋아하는 아티스트를 후원하면서 저작권 지분을 특별한 굿즈(Goods) 형태로 소장할 수 있다는 장점이 있고, 투자자에게는 비교적 안정적으로 높은 수익률을 얻을 수 있다는 장점이 있다.

저작권료는 방송이나 노래방, 무대공연, 영화나 해외 등 사용되는 방식에 따라 정산월이 다 다르다. 그렇기 때문에 해당 비용이 들어오는 월에 따라 수령 금액이 크게 변동될 수도 있다. 저작권료 지분 거래라는 새로운 투자 방법으로 투자 경험을 확대해 보는 것도 좋은 시도라고 생각된다. 다만 설명한 대로 노래는 갈수록 인기가 줄어드는 것이 일반적인 현상이기 때문에, 처음 들어온 저작권료가 계속 유지되지 않을 수 있다는 점, 혹시라도 내가 구매한 저작권을 손해 보고 팔 수도 있다는 점, 유저 간 거래로 저작권 지분을 파는 것은 시간이 소요될 수도 있다는 점은 저작권료 투자를 하기 전에 알아 두어야 될 사항이다. 또한 저작권료를 거래할 때마다

1주당 300원의 수수료가 발생한다는 점도 알아 두어야 한다. 10주를 한 번에 사더라도 300원이 아닌 주당 300원씩 3000원의 수수료가 발생하니 수익률을 계산할 때 체크해야 한다.

날이 갈수록 새로운 투자 유형이 나오고 있다. 뮤지카우 플랫폼은 지식 재산을 금융화한 첫 사례라고 하는데, 콘텐츠 산업이 계속 커지고 있는 상황이라 이러한 저작권의 가치는 더욱 높아질 것으로 생각된다.

온라인 계모임으로 고수익 이자와 대출 없는 목돈을?

과거 부모님 세대에서 종종 했던 계모임이라는 것을 들어본 적이 있을 것이다. 모임 멤버를 확정하고 매월 모을 금액을 정해. 목돈을 한 명씩 몰아주며 처음 받아가는 사람에겐 일정 금액의 이자를 수취하고, 나중에 수령하는 사람에게는 일정 부분의 이자를 주는 것이 일명 계모임이다. 온라인 사회에서도 최근 이와 흡사한 서비스가 출시되었다. 바로 아임인(imin)이라는 서비스다. 이 서비스는 17년 1월에 출시돼 운영되고 있는데, 스테이지라고 불리는 모임을 만들어서, 이 모임에 참여하는 사람들이 순번을 정해 매월 납입하는 돈에 특정 이율을 반영해 한 명씩 몰아서 가져가는 서비스다. 급하게 돈이 필요한 사람은 스테이지에서 빠른 순번을 선택해서 별도의 신용 점수 하락 없이 정해진 이자 비용을 내고 목돈을 먼저 가져갈 수 있고, 여유 돈이 있는 사람은 맨 마지막 순번 쪽을 선택하면 시중은행 대비 최대 7배 수준의 높은 이자 수익을 챙길 수 있다. 또한 아임인 서비스는 오프라인 계모임과는 안전성 측면에서 비교가 안 된다. 일명 계주 먹튀 리스크가 아임인에는 없기 때문이다. 아임인 회사 명의 통장에 참여하는 사람들이 돈을 납입하고, 또 그 통장을 통해 지급받는 등 회사 측에서 전반적인 관리를 모두 해주며, 계주 먹튀 리스크를 방지하는 별도의 회원 안심 프로그램 같은 안전장치도 갖추고 있다. 대출을 했다가 신용 점수나 등급이 하락할까 신경 쓰이는 사람이나, 은행보다 높은 이자 수익을 안정적으로 거두고 싶은 사람, 이러한 양쪽의 니즈를 모두 만족시켜줄 수 있는 것이 이 아임인 서비스라 할 수 있다. 다만 첫번째 순서에 가까운 사람은 대출 이자가 일반 금융기관보다 비싸게 적용되는 편이다.

하지만 신용 등급 및 신용 점수 하락 없이 목돈을 만들 수 있다는 것이 큰 장점이라고 할 수 있고 특히 가운데 순번을 선택하는 사람은 이자 비용도 내지 않으면서 목돈을 빠르게 마련할 수 있는 것이 큰 메리트라고 할 수 있다. 그럼 좋은 점만 있을까? 이 서비스에도 유의해야 할 사항이 있다. 먼저 일반적인 계처럼 돈을 먼저 받아간 사람이, 나중에 돈을 입금하지 않는 등 원금 손실에 대한 리스크가 아예 없다고 할 수는 없다. 그래서 아임인은 이러한 리스크를 막고자 NICE 신용평가등급으로 1~6 등급만 가입 및 이용할 수 있게 허들을 두었고, 가입되더라도 기존 대출이 많으면 아임인 이용에 제약이 있을 수 있다. 또한 모든 스테이지에 안심프라임 서비스가 제공된다. 안심프라임 서비스는 특정 회원의 연체가 발생하면 투자금은 먼저 신속하게 지급 처리해 주고, 그 돈을 연체한 사람에게 추심하는 일 역시 아임인 측에서 알아서 진행해 주는 서비스다. 그렇기 때문에 혹시라도 연체가 발생된다 하더라도, 일정 수준의 원금은 보장받을 수 있다. 그 다음으로 주의해야 할 점은 개인 간 거래이기 때문에 이자 소득세 총 27.5퍼센트(이자세 25.0퍼센트 + 지방세2.5퍼센트)가 적용된다는 점과 플랫폼 이용 수수료가 1퍼센트 부과된다는 점이다. 또한 스테이지에서 지정된 날에 입금하지 않을 경우 이 부분은 연체로 처리되기 때문에 주의해야 한다. 모든 서비스에는 장단점이 있기 마련이니 이 서비스 역시 장점 위주로 잘 활용한다면 상황에 따라 대출을 부담 없이 받을 수도 있고, 은행보다 훨씬 높은 이자 수익을 거둘 수도 있을 것이다.

네이버플러스 멤버십 회원제도를 활용해

쇼핑할 때마다 5퍼센트 적립률을 챙기자!

최근 많은 기업들이 유료 회원제 혹은 유료 멤버십 제도를 운영하고 있다. 특히 해당 제도에 가입한 고객에게 높은 혜택을 제공하며 자사의 제품을 지속적으로 이용하게끔 유도하는 서비스를 강화하고 있다. 요즘 많은 사람들이 애용하는 네이버플러스 멤버십을 설명해 보고자 한다. 우선 네이버플러스 멤버십 제도는 월 4900원을 부과하는 타 서비스에 비해 상대적인 높은 비용을 내야 하는 유료 회원제인데, 그만큼 얻는 부가 혜택이 크기 때문에 많은 고객들을 벌써부터 사로잡고 있다.

대한민국에서 네이버에서 쇼핑을 하지 않는 사람이 과연 있을까? 쿠팡, 위메프 같은 소셜 커머스나, G마켓과 11번가와 같은 대형 쇼핑을 많이 이용하기도 하지만, 쇼핑 플랫폼이라고도 할 수 있는 네이버에서 구매하고자 하는 물건을 검색한 후, 최저가로 표기되는 물건을 구매하는 형태의 쇼핑을 하는 경우가 많을 것이다. 네이버에서 쇼핑을 많이 하는 이유는 검색을 포함한 다양한 정보들이 잘 모여 있어서 구매하고자 하는 물품을 비교하기도 쉬울 뿐 아니라, 쇼핑을 할 때마다 기본적으로 1퍼센트가 적립되는 네이버페이포인트도 이용을 유도하기 때문이다. 이 1퍼센트 포인트는 네이버플러스 멤버십에 굳이 가입하지 않아도 적립되는 포인트이며 적립된 포인트는 현금처럼 네이버쇼핑에서 언제든지 현금처럼 사용이 가능하다. 그런데 네이버플러스 멤버십 제도에 가입하고 네이버에서 쇼핑할 때 네이버페이플러스 마크가 붙어 있는 물건을 구매하면, 한 달 구매 합계 20만 원까지는 4퍼센트를, 20만 원 초과분부터는 1퍼센트를 추가로 적립받을 수 있다. 즉, 20만 원까지는 기본 적립 1퍼센트+멤버십 적립 4퍼센트로 5퍼센트가 적용되고, 20만 원 초과분은 기본 적립 1퍼센트+멤버십 적립 1퍼센트로 2퍼센트가 적립되는 것이다.

10만 원짜리 물건을 네이버쇼핑으로 구매했을 때, 네이버플러스 멤버십을 가입한 사람과, 가입하지 않은 사람의 적립 포인트가 어떻게 다른지 비교해 보자. 네이버플러스에 가입하지 않은 사람이라면, 1퍼센트인 1000포인트가 적립되며, 네이버플러스 멤버십에 가입한 사람이라면 5퍼센트인 5000포인트가 적립된다.

그럼 50만 원짜리를 구매한 상황을 가정해 보자. 네이버플러스를 가입하지 않은 사람이라면, 1퍼센트인 5000포인트만 적립이 되며, 네이버플러스를 가입한 사람이라면 20만 원까지 5퍼센트인 1만 포인트가 적립되고, 나머지 30만 원에 대해서는 2퍼센트인 6000포인트, 이렇게 1만6000포인트가 적립된다. 반면 쿠폰 할인 금액, 배송비, 추가 구성 상품 등을 결제한 금액은 네이버포인트 적립에서 제외된다. 그리고 최대 200만 포인트까지 적립받을 수 있다.

또한 이 네이버플러스 멤버십 제도는 높은 포인트 적립률 혜택뿐만 아니라 크게 다섯 가지 디지털 서비스를 추가로 제공해 주는데, 이 중 네 가지를 선택해서 매월 무료로 제공받을 수 있다. 첫 번째가 네이버뮤직 바이브 청취권 300회, 두 번째는 네이버 웹툰 시리즈 쿠키 20개, 세 번째는 시리즈 온 영화나 방송을 볼 수 있는 3300캐시, 네 번째는 네이버 클라우드 100기가 이용권, 다섯 번째가 오디오 클립 대여 할인 쿠폰 3000원이다. 각 서비스별 제공금액을 대략 3000원으로 잡으면 1만2000원 가량의 서비스와 월 20만 원 정도 네이버쇼핑을 한다고 치면 기본적립을 제외하고 8000 포인트가 더 적립되는 것이기 때문에, 월 2만 원 정도의 혜택을 월 4900원에 누릴 수 있는 것이다. 네이버에서 쇼핑을 자주 하는 사람이나, 특히 바이브 뮤직 혹은 웹툰을 자주 이용하는 사람에게는 큰 혜택으로 와닿는 제도일 것이다. 이렇듯 유료 회원 제도는 비용을 지불하는 만큼의 특별한 혜택을 제공해 준다.

다양한 정부의 대출 제도와 지원 정책을 활용하자!

대부분 집을 구하는 시기는 취업을 하거나 결혼을 준비하는 때다. 하지만 이제 막 대학을 졸업하고 취업했거나, 취업을 하고 나서 3~5년 정도 직장 생활을 하며 결혼을 준비해온 사회 초년생에게 과연 집을 구할 만한 돈이 있을까? 경제적 여유가 있는 부모님의 도움이 없이 본인 스스로 큰 비용을 마련하는 것은 결코 쉽지 않으며 은행 대출을 이용하더라도 턱없이 자본이 부족한 상황에 놓일 것이다. 그렇기 때문에 정부에서 시행하는 정책을 잘 활용해야 한다. 다만 정부에서 시행하는 많은 정책은 대상과 기준, 자격, 성격이 다르기 때문에 각 정책별로 명확하게 확인해 봐야 한다.

중 · 기 · 청 대출 제도란 무엇일까?

일반적으로 거주비로 지출되는 비용이 한 달에 어느 정도 될까? 월세, 전세, 매매와 같이 거주 유형에 따라 다르겠지만, 직장에 재직한 지 얼마 되지 않은 20~30대 사회 초년생은 아무래도 초기 목돈이 부족하기 때문에 대부분 방을 월세나 반전세로 구해서 살고 있을 것이다. 그리고 상당한 비용이 월세나 전세대출 이자로 월급에서 사라진다. 특히, 서울이나 수도권에서 주변 환경이 편리하고 깨끗한 원룸이나 오피스텔을 구하려면 보통 월세로 40~50만 원 정도는 지불해야 한다. 고생해서 월급 200만 원 정도를 받으면 그 중에서 25퍼센트 정도의 비용이 거주비라는 이름으로, 만져보지도 못했는데 내 통장에서 사라지는 셈이다. 아까운 돈이긴 하지만 일종의 고정비이기 때문에 이를 줄이는 것은 결코 쉬운 일이 아니다. 하지만 정부에서 시행 중인 '중소기업취업청년 전월세보증금대출' 제도를 통하면 월세 50만 원을 10만 원 수준으로 줄이는 것이 가능하다. 현재 중소기업에 재직 중인 사람이라면, 이 제도의 혜택을 받을 수 있는지 꼭 한번 살펴보기 바란다. 해당된다면 주거 생활의 안정은 물론이고 재테크 측면에서도 정말 좋은 제도이기 때문이다.

'중소기업취업청년 전월세보증금대출' 제도는 용어가 길어서 편의성을 위해 보통 '중기청'이라고 줄여서 부르는 편인데, 이 중기청 제도는 주택도시기금을 재원으로 활용해, 중소기업에 취업한 청년을 대상으로 집을 구할 때의 임대보증금을 저리의 이자로 대출해 주는 정책 제도다. 이자 금리가 연 1.2퍼센트 수준으로 1금융권 은행에서 신용 등급 1등급의 사람이 받는 대출 금리와도 비교할 수 없을 만큼 저렴하다. 만약 1억 원짜리 전셋집을 구하면 월세가 월 10만 원이라는 뜻이다. 개인의 전세 보증금을 국가가 대출해 주는 것인데, 워낙 좋은 제도라 그런지 평생 단 한 번만 이용할 수 있다는 제한은 있다.

대출 대상과 가능 여부는 다음의 표에 나온 조건을 모두 만족하는지에 달려 있다.

대상 및 조건
부부 합산 연소득 5000만 원 이하(외벌이 3500만 원 이하), 순자산가액 2.88억 원 이하인 무주택 세대주(예비 세대주 포함)
중소 · 중견기업 재직자 또는 중소기업진흥공단, 신용보증기금 및 기술보증기금의 지원을 받고 있는 청년 창업자
만 19세 이상~만 34세 이하 청년(병역의무를 이행한 경우, 복무기간에 비례해 자격 기간을 연장하되 최대 만 39세까지 연장)

대출 금리는 앞서 설명한 대로 연 1.2퍼센트이며, 대출 한도는 최대 1억 원이다. 또한 대출 기간은 최초 2년에서, 4회 연장해 최장 10년까지 가능하다. 여기서 금리가 최초 2년만 1.2퍼센트이고, 1회차 연장 시부터는 금리가 달라질 수 있다는 점은 주의해야 한

다. 1회차 연장 시 잔액의 10퍼센트를 상환하면 1.2퍼센트가 유지되고, 상환하지 않으면 0.1퍼센트가 가산돼 1.3퍼센트로 적용된다. 또, 1회차 연장 시점에 대출 조건이 충족되지 않는 경우나 2회차 연장 시부터는 일반 버팀목 전세자금대출 기본금리가 적용된다.

대출 기간	최초 2년	2년 (1회차 연장)			2년 (2회차 연장)	2년 (3회차 연장)	2년 (4회차 연장)
		잔액 10퍼센트 상환	상환 없음	대출조건 미충족			
금리	1.2 퍼센트	1.2 퍼센트	1.3 퍼센트	일반 버팀목 전세자금 대출 금리 (2.3~2.9퍼센트)			

대출 대상 주택은 임차 전용면적 85㎡(25.7평) 이하 주택(주거용 오피스텔 포함)이고 임차보증금이 2억 원 이하인 주택이면 가능하다. 대출 상환 방식은 일시상환이고, 중도상환수수료가 없어서 여러 사정으로 중도 퇴거할 경우에도 별도 수수료 없이 대출 상환이 가능하다. 그럼 지금부터는 중기청 대출을 실제로 받는다고 가정하고, 순서대로 내용을 체크해 보자.

〈1단계 : 가심사 받아 보기〉

중기청으로 집을 구하기로 마음을 먹고 나서 집을 먼저 알아봐야 하나 대출을 먼저 알아봐야 하나 헷갈릴 수도 있는데, 우선 이

제도는 임대차 계약을 기체결하고 임차보증금의 5퍼센트 이상을 지불하고 나서 영수증 증빙까지 한 사람을 대상으로 심사한 다음 대출해 주는 제도다. 하지만 내가 대출이 될지 안될지, 대출 금액이 얼마나 나올지, 이런 내용을 모르는 상황에서 전세 계약부터 할 수는 없는 노릇이다. 그래서 가장 먼저 해야 할 일은 미리 대출에 필요한 서류를 준비해서 은행에 가서 가심사를 받아보는 것이다. 중기청 대출에 필요한 서류는 다음 표와 같다.

구분	내용 (준비서류)
개인준비서류	신분증 사본, 주민등록등본 · 초본, 가족관계증명서, 건강보험자격득실확인서, 고용보험피보험자격이력내역서(피보험자용)
회사요청서류	재직증명서, 근로소득원천징수증, 주업종코드확인서, 사업자등록증
부동산	임대차계약서(확정일자 포함), 등기부등본, 임차보증금 5퍼센트 이상 납입영수증, 건축물대장

이 중 개인과 회사 파트의 서류를 먼저 준비해 은행에 찾아가서 나의 소득, 신용도, 부채 상황 등을 고려하면 중기청 대출이 가능한지 여부와 대출 한도는 얼마나 되는지 상담해 봐야 한다. 상담은 중기청 대출 업무를 취급하는 5개 은행(우리, 국민, 기업, 농협, 신한)에서만 가능하다. 주거래은행이 이 중에 있더라도 주거래은행을 포함해 2~3군데 정도 은행을 방문해 보길 권장한다. 같은 제도지

만 은행지점이나 상담 직원에 따라 대출 한도 안내가 조금 다를 수 있기 때문이다. 그리고 설령 중기청 대출이 안 되더라도 다른 정책 대출이나 은행 대출도 고려해서 상담해 주기 때문에 도움이 많이 될 것이다.

그리고 중기청을 알아보다 보면 '중기청 100퍼센트', '80퍼센트' 이런 용어가 등장한다. 이는 중기청 대출 방식은 두 가지가 있고, 대출을 보증해 주는 기관도 차이가 있어서 붙은 명칭이라고 할 수 있다. 주택도시보증공사(HUG)가 보증하는 중기청 100퍼센트는 목적물에 따라 보증 가능 여부 및 한도가 결정된다. 쉽게 말해 전셋집의 융자 여부, 공시가격 등 대출 목적물을 평가하는 것이지 대출 신청자의 신용도, 소득 수준, 부채 상황을 평가하는 것이 아니며, 이는 대출 한도에 영향을 주지 않는다. 한국주택금융공사(HF)가 보증하는 중기청 80퍼센트는 대출 신청자의 소득 및 신용도에 따라 보증 가능 여부 및 한도가 결정된다. 즉, 개인 연봉이 높지 않고, 신용도도 낮으며, 다른 대출이 있거나 하면 대출 한도가 높지 않을 수 있다. 다만, 중기청 100퍼센트든지 80퍼센트든지 최대 1억까지 대출을 받는 것이 가능하지만 1년 미만 재직자는 대출한도가 낮을 수 있다는 점을 참고해길 바란다. 이렇게 은행에서 중기청 가심사를 해보면, 보통 연봉의 3~3.5배 대출이 되는 편이다.

〈2단계 : 집 구하기〉

개인별로 이러한 가심사 결과를 확인한 다음, 부동산이나 부동산 앱으로 거주 희망 지역에서 중기청이 가능한 집을 찾아야 한다. 매물이 중기청이 가능한지 부동산에 일일이 물어보고, 괜찮은 매물은 시간을 내서 직접 보러 다니며 알아봐야 한다. 여기서 고려할 점은 중기청 100퍼센트를 노린다면 집을 보러 다니는 데에 훨씬 더 노력을 들여야 한다는 점이다.

중기청 100퍼센트가 80퍼센트보다 매물이 귀하고, 보통 100퍼센트를 많이 선호하므로 중기청 100퍼센트로 집을 구하려는 사람 간 경쟁이 치열해서 좋은 집은 금방 계약돼 버리기 때문이다. 게다가 중기청 이용자가 대부분 사회 초년생이라서 아직 모아둔 목돈도 부족하고, 신용도나 소득도 낮을 확률이 높기 때문에 집을 평가해서 대출 한도가 결정되는 중기청 100퍼센트를 더 선호하는 것이다. 하지만 중기청 100퍼센트는 대출 과정에서 집주인의 동의 절차가 필요하고, 매물에 융자(대출)가 있으면 대출 허가가 나지 않는 편이며, 대출 절차나 차후 연장 규정 등도 80퍼센트보다 까다롭다. 또 어렵게 매물이 나왔다 하더라도 기본 옵션, 채광, 난방 등의 여건이 만족스럽지 않은 경우가 많다. 그러니 중기청 100퍼센트를 희망한다면 금방 집을 찾지 못하더라도 너무 실망하지 말고, 장기전으로 집을 구한다고 생각하고 도전해야 한다.

〈3단계 : 집 계약하기〉

마음에 드는 집을 찾았다면 부동산을 통해 그 집의 등기부등본, 건축물대장을 떼서 은행에 다시 찾아가 해당 집이 중기청 대출이 가능한지 확인해 봐야 한다. 중기청이 가능한 집이고 대출에 문제가 없음을 확인한 다음, 실제 집을 계약하는 단계로 넘어가면 된다. 만약 정말 마음에 드는 집을 발견했는데 인기가 많아서 금방 계약될 것 같다면, 미리 가계약금을 걸 수도 있다. 하지만 이런 가계약금은 차후에 돌려받기 어려울 수 있으니, 가급적이면 해당 매물의 중기청 대출 가능 여부를 은행에서 먼저 확인하고 가계약금을 거는 것이 좋다. 실 계약 시에는 만약 1억 원 전셋집을 구한 경우, 계약금은 5퍼센트인 500만 원을 내야 되는데 아직 대출이 되기 전이니 이 돈은 개인이 우선 지불해야 하고, 나중에 대출이 완료돼 대출금 1억 원이 집주인 통장으로 입금되면 이 500만 원은 다시 돌려받는다. 계약금 500만 원을 납입한 영수증은 대출 구비서류이니 꼭 챙겨야 하고, 계약 시 잔금일을 확정하되 대출 신청과 심사 처리에 필요한 날짜가 있으니 잔금일을 계약일로부터 가급적 한 달 정도는 여유 있게 잡아야 한다. 그리고 계약할 때 잊지 말고 챙겨야 할 중요한 특약이 있다. 만약 중기청 대출이 심사 단계에서 잘못돼 대출이 안되는 경우 계약금을 전액 돌려받을 수 있다는 내용을 계약서에 넣는 것이다. 물론 여러 번 은행에서 가심사를 받아

대출이 문제없을 것이라고 확인해둔 부분이긴 하지만, 대출 심사 과정에서 어떤 변수가 나올지 알 수 없기 때문에 이러한 특약은 들어갈수록 좋다. 만약 집주인이나 부동산이 이러한 특약을 거부한다면, 설령 집이 정말 마음에 들더라도 계약은 하지 않는 것을 권장한다.

〈4단계 : 대출 신청하기〉

이렇게 전세 계약을 마무리한 다음 1단계에서 설명한 대출 신청 서류를 모두 준비해서 은행에 방문해 중기청 대출을 신청하고 대출 약정서를 작성하면 된다. 부동산계약서에는 확정일자가 포함되어 있어야 하므로 가까운 주민센터나 온라인(대법원 인터넷등기소)에서 받으면 된다. 그리고 2019년 9월부터는 주택도시기금의 '기금e든든' 사이트를 통해 종이 서류 없이 간편하게 대출을 신청하는 비대면 서비스도 오픈했다. 공인인증서로 로그인해서 개인정보 제공 및 스크래핑에 동의하면 주택도시보증공사가 대출 서류를 온라인에서 자동으로 일괄 수집해 활용하기 때문에 대출 심사가 기존 1~2주에서 약 5영업일 정도로 줄어 훨씬 더 편리하고 빠르게 대출 신청을 할 수 있다.

〈5단계 : 대출 마무리〉

대출 신청까지 마쳤다면, 이제는 심사가 진행돼 유선이나 문자 통보가 오기를 기다리면 된다. 대부분의 사회 초년생 분들이 본인 명의로 이렇게 큰 돈을 대출해본 경험이 없어 이 기간 동안 많이 불안해하고 초조해하는데, 앞의 절차대로 잘 준비했다면 큰 문제는 없을 것이다. 또한 심사 중 궁금한 점은 은행에 문의하면 답변을 받을 수 있으며, 대출 심사 과정 중에 심사인이 재직 확인이나 목적물 확인을 하러 방문할 수도 있다. 마지막으로 잔금일에 집주인 계좌로 대출 금액이 입금되면 중기청 대출이 최종적으로 완료된다. 그리고 해당 집으로 이사한 후에는 전입신고를 하고, 한 달 내에 전입신고된 주민등록등본을 은행에 제출하면 서류 처리 또한 완료된다.

이외에 중기청 제도에 대해 더 자세히 알아보려면 주택도시기금 홈페이지(nhuf.molit.go.kr)를 이용하면 된다. '중소기업취업청년 전월세보증금대출'은 매월 지출에서 큰 비용을 차지하는 월세를 줄일 수 있는, 현존하는 가장 좋은 제도 중 하나이기 때문에 해당되는 사람들은 꼭 신청해서 혜택을 보길 권장한다.

신혼부부를 위한 대출 금리 지원 제도가 있다고?

대부분의 신혼부부에게 가장 부담되는 지출 중 하나가 바로 집과 관련된 이자비용일 것이다. 그래서 서울시에서 시행하고 있는 신혼부부 임차보증금 이자 지원 사업을 알아둘 필요가 있다. 신혼부부의 행복한 미래를 위해 더 나은 주거 환경를 제공하고 소득 대비 높은 주거비 부담을 완화해 주고자 시행하고 있는 사업이다. KB국민은행, 하나은행, 신한은행에서 신청할 수 있으며, 융자 최대 한도는 2억 원(임차보증금의 90퍼센트 이내)이며, 융자 용도는 임차보증금이다. 신청하려면 다음 조건을 모두 만족해야 한다.

신청자격(세부내용)
서울 시민이거나, 대출 후 1개월 이내 서울로 전입 예정인 자 혼인신고일 기준 7년 이내 신혼부부 혹은 추천서 신청일로부터 6개월 이내 결혼식 예정인 예비신혼부부, 부부합산 연소득 9700만 원 이하인 자, 본인 및 배우자 무주택자, 아래 대상주택*에 해당하는 주택의 임대차계약을 체결한 자 *대상주택 : 다음 조건을 모두 만족하는 주택 – 서울시 관내의 임차보증금 5억 원 이하의 주택 혹은 주거용 오피스텔, – 건축물 대장상 불법건축물, 근린생활시설 등 주택이 아닌 곳 / 다중주택 지원불가 – 공공주택특별법에 따른 공공주택사업자*가 공급 및 지원하는 공공주택 지원불가 *공공주택사업자 : 국가, 지방자치단체, 한국토지주택공사, 서울주택도시공사, 서울리츠 등

대출 신청은 신규 임차의 경우 임대차계약서상 입주일과 주민등록전입일 중 빠른 날짜로부터 3개월 경과 시 불가하고, 계약 갱신

은 주민등록전입일로부터 3개월 이상 경과 후, 계약 갱신일로부터 3개월 이내여야 한다. 대출 한도는 2억 원 이내이나, 실제 대출 가능 금액은 연소득 등에 의해 산정된 한국주택금융공사 보증서 발급 가능 금액이므로 협약 은행인 국민, 하나, 신한은행에서 사전에 반드시 상담받아야 하며 이자 지원 금리는 최대 연 3.6퍼센트 이하다. 이 중 부부합산 연소득에 따른 이자 지원 금리가 3.0퍼센트 이하이고, 추가 이자 지원 금리가 최대 연 0.6퍼센트 이하다. 연소득이 5000만 원이라면 1.5퍼센트 금리를 지원받을 수 있는 셈이다. 또한 자녀가 두 명이라면 0.4퍼센트 금리를 추가로 지원받을 수 있다. 이자 지원 기간은 최장 10년 이내이고, 대출 실행 이후 자녀 수 증가에 따라 차등 지원되며, 대출 기간 중 출산이나 입양으로 자녀 수가 증가하면 최장 6년까지 연장이 가능하다. 이자 지원이 중단되는 사유로는 결혼 예정자가 혼인 사실 확인 서류를 제출하지 않는다거나, 서울시 외 지역으로 전출한다거나, 공공임대주택에 입주한다거나, 임대차계약이 종료돼 대출금을 상환하는 경우다. 이렇듯 정부로부터 지원을 받으면 대출 금리에서 이자 지원 금리를 빼고 나머지 금리만 본인이 실질적으로 부담하면 된다.

예를 들어 1억 원을 3퍼센트의 금리로 빌렸는데, 부부 합산 연봉이 7000만 원이라면 1.2퍼센트가 우대되는 것이고, 자녀도 한 명있다면 0.2퍼센트가 가산 우대된다. 그래서 3퍼센트가 아니라

1.6퍼센트가 적용되는 셈이다. 결국 연 이자가 300만 원에서 160만 원으로 준다.

이렇듯 이자를 절반 이상 절감할 수 있는 것이기 때문에 대상이 되는 부부는 꼭 이 제도를 활용해야 한다.

〈연소득에 따른 이자 지원금리 : 최대 3.0퍼센트〉

부부합산 연소득 구간	지원금리
2000만 원 이하	3.0퍼센트
2000만 원 초과~4000만 원 이하	2.0퍼센트
4000만 원 초과~6000만 원 이하	1.5퍼센트
6000만 원 초과~8000만 원 이하	1.2퍼센트
8000만 원 초과~9700만 원 이하	0.9퍼센트

〈추가 이자 지원금리 : 최대 0.6퍼센트〉

서울시 추천서 신청일로부터 6개월 이내 결혼예정 예비신혼부부	0.2퍼센트
다자녀가구	1자녀 0.2퍼센트 / 2자녀 0.4퍼센트 / 3자녀 이상 0.6퍼센트

서울주거포털사이트(housing.seoul.go.kr)에서 접수하면 되며, 신청 서류는 공통적으로 주민등록등본 1부, 가족관계증명서 1부,

혼인관계증명서 1부, 임대차계약서 1부 이렇게 총 네 가지다. 모든 서류는 1개월 이내 발급분만 가능하고 주민등록번호가 전체 표시돼 있어야 한다는 점도 사전에 꼭 참고해서 서류를 준비하되, 신청 전 협약 은행 고객센터(국민은행 1599-9999 / 하나은행 1599-2222 / 신한은행 1599-8000)에 전화해 구체적인 상담을 받아볼 것을 권장한다.

대출 신청 프로세스는 나의 대출한도를 조회한 후, 주택을 계약하고 나서 서울주거포탈사이트에서 신청하고, 신청서 및 제출서류를 서울시에서 검토한 후 승인을 해주면 융자추천서를 서울주거포털사이트에서 발급받을 수 있다. 그 다음 관련 서류를 협약 은행에 제출하면 협약 은행에서 대출 자격을 평가한 후 실행해 주는 순서다. 억 단위로 대출해서 신혼 생활을 시작하는 경우가 많기 때문에 결혼 초반에는 집과 관련된 비용이 정말 상당하다. 서울시에서 시행하는 신혼부부 임차보증금 지원 사업 대상이 된다면 반드시 활용해 소중한 돈을 꼭 절감해야 할 것이다.

〈대출신청프로세스〉

구분	1단계	2단계	3단계	4단계	5단계	6단계
절차	한도조회 및 주택계약	신청서 접수	대상자 선정	추천서 발급	대출 신청	대출금 지급
내용	대출한도조회 및 주택계약	서울주거 포털 신청	신청서 제출 및 서류 검토 승인 (3일 이내)	융자추천서 발급 (서울거주 포털)	관련서류 협약은행 제출	대출자격 평가 및 대출실행
주체	협약은행	지원 신청자	서울시	지원 신청자	지원 신청자	협약은행

자녀장려금/근로장려금 제도

매년 5월이 되면 신청해야 하는 제도가 있다. 바로 자녀장려금과 근로장려금이다. 자녀장려금이란 저소득 가구의 자녀 양육 부담을 경감해 주기 위해 총소득 4000만 원 미만이면서 18세 미만의 부양 자녀가 있다면 한 명당 최대 70만 원을 정부에서 지급해 주는 제도를 말한다. 그럼 누가 신청할 수 있을까? 우선 홑벌이, 즉 외벌이 가구 혹은 맞벌이 가구이면서 총소득이 4000만 원 이하면 신청이 가능하다. 외벌이 가구와 맞벌이 가구를 구분하는 기준은 배우자의 총급여액이 300만 원 미만인지다. 즉, 배우자의 총 급여액이 300만 원 미만이면 홑벌이로 분류되고, 300만 원 이상이면 맞벌이로 분류된다. 홑벌이의 총 급여액이 2100만 원 미만이거나 맞벌이의 총급여액이 2500만 원 미만이면 부양자녀수당 70만 원을 받을 수 있다. 그 외 구간에 해당하는 지원 금액은 다음 표와 같다.

구분	정의	총급여액	자녀장려금
홑벌이(외벌이)	배우자의 총급여액이 300만 원 미만인 가구	2100만 원 미만	부양자녀수 인당 70만 원
		4000만 원 미만	부양자녀수X{70만 원-(총급여액-2100만 원)x1900분의 20}
맞벌이	배우자의 총급여액이 300만 원 이상인 가구	2500만 원 미만	부양자녀수 인당 70만 원
		4000만 원 미만	부양자녀수X{70만 원-(총급여액-2500만 원)x1500분의 20}

대한민국 국적을 가진 자라면 누구나 신청이 가능하고, 대한민국 국적이 아닌 자라도 대한민국 국적의 자녀가 있으면 신청할 수 있다. 다만 약사나 변호사, 의사 같은 전문직은 신청이 불가하다. 방법은 홈텍스 홈페이지에서 직접 신청하거나 세무서를 방문하면 된다. 5월 1일부터 5월 31까지 신청할 수 있고, 이 기간을 넘어서 신청하면 받을 수 있는 금액에서 10퍼센트 감액되니 기간을 지키는 것이 상당히 중요하다. 5월에 신청하면 9월에 지급되고, 그 이후에 신청하면 신청일이 포함된 달로부터 4개월 말 이내에 지급이 된다. 신청하려면 재산 요건도 만족해야 하는데 작년도 6월 1일 기준으로 가구원 모두가 소유하고 있는 재산 합계액이 2억 원 미만이어야 한다. 만약 2억 원을 초과하면 총소득 조건이 된다 하더라도 지급 대상에서 제외된다.

지금부터는 근로장려금을 알아보자. 근로장려금이란 열심히 일하긴 하지만, 급여가 너무 적어 생활이 어려운 저소득자의 근로를 장려하는 제도다. 근로장려금은 홑벌이 가구 및 맞벌이 가구인지와 함께 단독가구 여부도 체크하는데, 단독가구는 총 급여 2000만 원, 홑벌이 가구는 총 급여 3000만 원, 맞벌이 가구는 총 급여 3600만 원 미만이어야 한다. 그리고 각 가구별로, 가구원 구성 요건도 맞춰야 한다. 근로장려금 대상이 되면, 단독가구는 150만 원, 홑벌이는 260만 원, 맞벌이는 최대 300만 원까지 지원되며, 개인이 속하는 구간별로 지급되는 금액은 다음 표와 같다.

구분	총급여액 등	근로장려금
단독 가구	400만 원 미만	총급여액 등 x 400분의 150
	400만 원 이상~900만 원 미만	150만 원
	900만 원 이상~2000만 원 미만	150만 원-(총급여액 등-900만 원) x1100분의 150
홑벌이 가구	700만 원 미만	총급여액 등 x 700분의 260
	700만 원 이상~1400만 원 미만	260만 원
	1400만 원 이상~3000만 원 미만	260만 원-(총급여액 등-1400만 원) x1600분의 260
맞벌이 가구	800만 원 미만	총급여액 등 x 800분의 300
	800만 원 이상~1700만 원 미만	300만 원
	1700만 원 이상~3600만 원 미만	300만 원-(총급여액 등-1700만 원) x1900분의 300

역시 마찬가지로 가구원 전원의 재산의 합이 2억 원 이하여야 지급받을 수 있고, 신청 월 역시 5월이기 때문에 제때 신청하면 9월에 받을 수 있으며, 이후에 신청하면 지급액의 10퍼센트가 감액되며, 신청일이 포함된 달로부터 4개월 말 이내에 지급되는 일정은 자녀장려금과 동일하다. 특히 신청 절차가 까다롭지 않으니 꼭 내용을 숙지해서 놓치지 말고 신청해야 할 것이다. 여기에서 나

오는 총소득이라는 것은 근로소득, 사업소득 기타소득, 이자 배당 연금소득, 종교인소득 등을 모두 다 합한 금액을 뜻한다는 점과 재산이 1억4000만 원 이상이면 50퍼센트가 차감돼 지급된다는 점은 미리 알아두는 게 좋다.

행복주택 제도

우리가 살아가면서 의식주 문제를 해결하는 것만큼 중요한 일이 또 있을까? 먹고 입고 자는 문제가 해결돼야 인간으로서 기본적인 삶을 유지할 수 있고, 행복추구 및 자아실현과 같은 더 높은 욕구를 충족할 수 있다. 그런데 우리나라에서는 의식주 중에서 특히 매년 치솟는 높은 집값 때문에 주 문제를 해결하는 게 보통 힘든 일이 아니다. 정부는 과도한 집값 상승을 억제하는 많은 규제를 내놓고 주택 시장을 감시하는 한편 서민 계층의 주거 안정화를 위해 다양한 지원 정책을 시행하고 있다. 신혼희망타운, 행복주택, 매입임대주택 등 국민의 주거 문제 해결에 도움을 줄 수 있는 많은 정책이 있는데, 특히 20~30대 청년 계층에게 특화된 정책 중 하나인 '행복주택'에 대해 알아보자.

행복주택은 국가 재정과 주택도시기금의 지원을 받아 추진되는 정부의 주거 안정화 정책 사업 중 하나다. 대학생, 사회 초년생, 신혼부부 등 사회활동 계층의 주거 불안을 해소하기 위해 대중교통이 편리하고 직장과 학교가 가까운 곳, 즉 직주근접이 가능한 역세권을 위주로 주택을 건설하여, 주변 시세보다 저렴하게 공급하는 공공임대주택을 말한다. 행복주택이 다른 주거 정책과 구분되는 가장 큰 특징은 바로 '젊음'이다. 행복주택은 입주 계층을 나눠서 입주자를 모집을 하는데, 대학생, 청년, 신혼부부 등 젊은 계층에게 전체 물량의 80퍼센트를 공급한다. 65세 이상 고령자, 주거급여수급자, 산업단지근로자 계층도 모집하지만, 이들의 비율이 전체의 20퍼센트 정도밖에 되지 않는다. 계층별로 임대 가격, 최대 거주 기간 등의 임대 조건도 조금씩 다르게 적용된다.

행복주택의 장점은 주변 교통이 편리해 출퇴근 시간을 단축할 수 있고, 신축 아파트라 주택 내 모든 시설이 새 것이며, 단지 안에 도서관, 국공립어린이집, 헬스장, 고용센터 등 다양한 문화 및 편의시설이 함께 제공돼 생활 여건이 쾌적하다는 점이다. 또, 무엇보다 행복주택의 가장 큰 장점은 저렴한 임대료인데 보통 주변 시세의 60~80퍼센트 수준으로, 즉 20~40퍼센트 저렴하게 제공된다. 일반적으로 한국토지주택공사, 서울주택도시공사의 행복주택은 보증금 2000만~6000만 원, 월 임대료는 10만~30만 원 수준이고, 민간 대형 브랜드 아파트의 행복주택은 보증금 7000만~1억 원, 월 임대료는 30만~40만 원 수준이다. 정확한 임대료는 관심 있는 행복주택 단지의 입주자 모집공고에서 자신이 해당하는 계층과 희망하는 주택 평형(16㎡, 26㎡ 36㎡ 등)에 따른 임대보증금 및 월 임대료 조건을 확인해야 알 수 있다. 또, 행복주택의 면적 크기나 설계 구조도 계층에 따라 조금씩 다르다. 대학생, 청년 등 1인 가구에게는 주로 전용면적 16㎡, 26㎡ 등 소형을 공급하고 신혼부부에게는 전용면적 36㎡ 이상을 공급한다. 또, 일부 대학생, 청년 계층 대상의 전용면적 25㎡ 이하 1인 가구 주택은 마치 원룸처럼 냉장고, 가스쿡탑, 세탁기, 책상 등 빌트인 가구나 가전제품이 옵션으로 제공되기도 한다.

행복주택의 저렴한 가격과 인기를 실감할 수 있는 몇 가지 예시를 들어보자. 대학생 계층을 대상으로 작년 12월 '서울 휘경 행복주택' 모집공고가 있었는데, 이곳은 주변에 한국외대, 경희대, 서울시립대 등 많은 대학이 밀집돼 있는 지역이다. 모집 조건은 전용면적 14㎡에 보증금 3200만 원, 월 12만3000원 정도였고, 200호 모집에 1249명이 몰려 6.25대 1의 경쟁률을 기록했다. 청년 계층의 경우, 작년 9월 청신호 1호 주택인 정릉 하늘마루 68가구(전용면적 22~26㎡)를 모집했었는데, 전용면적 26㎡ 주택에 입주한다면 보증금 4248만 원에 월 16만6000원 정도였고, 당시 68호 모집에 2665명이 몰려 39.2대 1의 경쟁률을 기록했다. 행복주택의 저렴한 가격과 높은 인기가 실감되는가?

그럼 행복주택의 입주 자격은 어떻게 될까? 전체 공급의 80퍼센트에 해당하는 신혼부부, 청년, 대학생 계층을 중심으로 알아보자. 첫 번째, 신혼부부 및 한부모가족 계층은 결혼한 지 7년 이내의 신혼부부, 또는 예비신혼부부(입주 전까지 혼인 사실 증명), 만 6세 이하(태아 포함) 자녀를 둔 한부모가족, 무주택자 또는 무주택 세대구성원, 소득 조건은 해당 세대 월평균소득 합계가 전년도 도시근로자 가구당 월평균소득의 100퍼센트 이하(맞벌이는 120퍼센트 이하), 자산 조건은 해당 세대 총 자산이 2억8800만 원 이하이고 그중 자동차 가액이 2468만 원 이하다.

두 번째 청년 계층은 청년과 사회 초년생으로 구분된다. 청년은 만 19세 이상 39세 이하 미혼인 무주택자를 뜻하며, 사회 초년생은 취업한 지 총 5년 이내, 소득이 있는 미혼인 무주택자를 뜻한다. 여기에는 퇴직한 후 1년이 지나지 않은 사람으로서 구직급여 수급자격을 인정받은 자와 예술인 복지법에 따른 예술인도 포함된다. 소득 조건은 세대원이 있는 세대주는 해당 세대 월평균소득 합계가 전년도 도시근로자 가구당 월평균소득의 100퍼센트 이내, 본인의 소득은 80퍼센트 이내이고, 자산 조건은 해당 세대 총 자산이 2억3700만 원 이하이고 그중 자동차 가액이 2468만 원 이하다.

세 번째, 대학생 계층은 대학생과 취업준비생으로 구분된다. 대학생은 인근 대학에 재학 중이거나 다음 학기에 입학, 복학 예정인 미혼인 무주택자를 말하며, 취업준비생은 대학 또는 고등학교를 졸업(또는 중퇴)한 지 2년 이내인 미혼인 무주택자다. 소득 조건은 본인 및 부모의 월평균소득 합계가 전년도 도시근로자 가구당 월평균소득의 100퍼센트 이내, 자산 조건은 본인의 총자산이 7800만 원 이하이고 자동차 미보유다.

앞서 계층별로 임대 가격, 최대 거주 기간 등의 임대 조건도 조금씩 다르게 적용받는다고 설명했는데, 임대 가격과 최대 거주 기간은 다음 표를 참고하길 바란다. 임대 가격은 보통 주변 시세의 60~80퍼센트 수준이며, 같은 단지에 같은 평형이라도 임대 가격은 신혼부부가 80퍼센트로 가장 높고 주거급여수급자가 60퍼센트로 가장 낮다. 최대 거주 기간은 신혼부부 · 한부모가족 계층은 자녀가 없는 경우 최대 6년, 자녀가 있는 경우 최대 10년까지 거주할 수 있다. 대학생 · 청년 · 산업단지근로자 계층은 최대 6년, 고령자 · 주거급여수급자 계층은 최대 20년까지 거주할 수 있다. 또, 행복주택은 2년마다 계약을 갱신해야 한다. 입주 자격에 결격이 없는 세대만 입주를 연장할 수 있는데, 입주 당시보다 소득이 높아질 경우, 소득 기준이 초과되는 비율 구간에 따라 기존 보증금과 임대료에 할증이 붙는다. 또, 갱신 시 자동차, 자산, 주택 소유 기준을 초과하면 즉시 퇴거해야 할 수도 있는 점도 유의해야 한다.

공급대상	주변 시세대비 임대 가격	최대 거주기간
신혼부부 · 한부모가족	80퍼센트	무자녀 6년 유자녀 10년
산업단지근로자	80퍼센트	6년
고령자	76퍼센트	20년
소득이 있는 청년	72퍼센트	6년
대학생 · 소득이 없는 청년	68퍼센트	6년
주거급여수급자	60퍼센트	20년

그럼, 행복주택에 당첨되려면 사전에 무엇을 준비해야 할까? 우선 청약통장을 보유하면 좋다. 행복주택을 신청할 때 청약통장이 반드시 있어야 하는 것은 아니지만, 있으면 공급 순위 경쟁에서 배점을 더 받을 수 있고, 청년 계층과 신혼부부 계층은 입주 시점까지 청약통장 가입 사실을 증명해야 하기 때문이다. 또, 계층별로 좀 다르기도 하지만 해당 주택이 건설되는 지역이나 인근에 집, 직장, 학교가 인근에 있고 오래 거주할수록 당첨 순위가 높아진다.

조금 더 구체적으로 살펴보면 행복주택은 전체 공급량을 우선공급과 일반공급으로 절반씩 나눠 모집한다. 예를 들어 전체 공급호수가 40가구라고 가정하면 우선공급 20가구, 일반공급 20가구 이렇게 나눠 모집하는 것이다. 그리고 우선공급부터 순위를 매겨 당첨자를 선정하고, 우선공급에서 떨어진 사람이 일반공급으로 넘어와 기존 일반공급 지원자와 다시 순위별로 경쟁해 당첨자를 선정한다. 그러니 우선공급부터 도전해야 당첨 확률이 높아지는 셈이다. 그러고 우선공급 순위 선정 기준은 순위→배점→추첨 순이다. 1순위가 되는 것이 가장 중요하고, 그 다음 배점 기준에서 고득점을 하는 것이 중요하다. 서울 지역 행복주택의 '신혼부부 계층'의 우선공급 순위와 배점표를 참고하기 바란다.

〈순위〉

1순위	행복주택이 위치하는 서울 해당 자치구에 거주자
2순위	행복주택이 위치하는 서울 해당 자치구 외 서울에 거주자

〈배점〉

항목	3점	1점
거주지 및 거주기간	서울에 3년 이상 거주	서울에 3년 미만 거주
주택청약종합저축 납입횟수	가입 2년 경과 월납입금 24회 이상 납입	가입 6개월 경과 월납입금 6회~23회 납입

1순위가 되는 게 제일 중요하니 해당 구에 거주해야 하고, 그 다음 배점이 높아야 하니 거주 기간 3년에 청약 24회 이상 납입해야 한다. 청년 계층도 우선공급 순위 경쟁이 이와 유사한데 1순위 조건에 해당 자치구에 거주 또는 근무자인 것만 다르다. 대학생 계층

은 청년 계층, 신혼부부 계층과 조금 다른데, 대학생 계층의 우선 공급 기준 역시 표를 참고하기 바란다.

〈순위〉

구분	위치	대상
1순위	행복주택이 위치하는 서울 해당 자치구	(대학생) 소재하는 대학의 학생 (취업준비생) 거주하는 자
2순위	행복주택이 위치하는 서울 해당 자치구 외 서울	(대학생) 소재하는 대학의 학생 (취업준비생) 거주하는 자

〈배점(우선공급 1순위만 적용)〉

항목		3점	1점
거주	대학생	부모 모두 서울 외 지역에 거주	부모 또는 부모 중 1인이 해당 자치구 외 서울에 거주 (부모의 주소지가 다르면 부모 모두 해당 자치구 외 거주)
	취업 준비생	신청자 본인이 행복주택이 위치한 서울 자치구에 3년 이상 거주	신청자 본인이 행복주택이 위치한 서울 자치구에 3년 미만 거주

정리하자면 행복주택에 당첨되려면 우선공급과 일반공급의 우선공급을 먼저 노리고, 우선공급에서 1순위 조건을 충족하면서 배점을 높이는 것이 중요하다 하겠다.

끝으로, 최근 서울리츠 행복주택 입주자 모집공고(19.12.30)를 참고해 보길 바란다. 모두 대형 브랜드 아파트 단지이고, 소셜믹스(social mix) 단지라고 해서 아파트 단지 내에 분양 주택과 임대 주택을 함께 조성해 사회, 경제적 배경이 다른 주민들이 서로 어울려 살게 하려는 취지로 추진되는 정책에 맞췄다. 행복주택이 한국토지주택공사, 서울주택도시공사뿐 아니라 이런 브랜드 아파트도 일부 공급하고 있으니, 행복주택에 관심을 가지고 도전해 보면 큰 도움이 될 것이다.

〈신혼부부〉

단지명	공급유형	공급호수	임대보증금	월 임대료
북한산 두산위브	40㎡	9	9991만 원	33만3000원
휘경해모로 포레스트지	39㎡	20	9272만 원	34만 원
	47㎡	4	1억837만 원	39만7000원
상계역 센트럴 푸르지오	39㎡	8	7930만 원	29만1000원
DMC 에코자이	39㎡	33	1억531만 원	35만1000원
힐스테이트 녹번 (추가모집)	39㎡	4	9163만 원	32만1000원
	40㎡	1	9369만 원	32만8000원

〈대학생, 청년〉

단지명	공급 유형	공급 호수	신청자격	임대보증금	월 임대료
북한산 두산위브	33㎡	16	청년(소득유)	7471만 원	24만9000원
			청년(소득무)	7056만 원	23만5000원
가재울 래미안 루센티아	34㎡	58	청년(소득유)	8102만 원	25만5000원
			청년(소득무)	7652만 원	23만5000원
학수복합 (추가모집)	20㎡	1	대학생	4383만 원	15만3400원

행복주택 신청은 한국토지주택공사의 경우 LH 청약센터(apply.lh.or.kr)나 모바일 앱 'LH 청약센터'를 이용하고 서울주택도시공사의 경우 홈페이지(i-sh.co.kr)을 통해 신청하면 된다. 특히 월세, 공과금, 교통비와 같은 고정비는 줄이기가 쉽지 않은데, 월세 지출을 줄여 저축 여유 자금을 확보할 수 있는 점은 행복주택의 큰 장점이라 할 수 있다. 이곳에서 신혼생활을 시작하는 부부는 자녀가 있으면 최대 10년까지 지낼 수 있으니 이사 걱정이 없어 좋고, 또 여기서 알뜰히 저축하고, 무주택 기간을 늘려 청약가점을 높힌 다음 신혼부부 특별공급 등으로 청약 당첨돼 새 아파트로 이사하는 게 가장 이상적인 시나리오가 될 것이다.

주택연금 제도

사람들이 개인연금(IRP)이나 퇴직연금에 대해서는 비교적 많이 알고 있는 편이지만, 주택연금에 대해서는 들어보긴 했는데 자세히는 모르는 듯하다. 주택연금이란 집은 있지만 소득이 부족한 어른이 집을 담보로 맡기고 매달 국가가 보증하는 연금을 받을 수 있도록 한 제도다. 여기서 어른이라는 표현이 사용되긴 하지만, 본인이 젊은 층에 속한다 하더라도 이 제도를 정확하게 숙지했다가 향후 본인이 어느 정도의 자금 운용을 할 수 있을지, 노후는 어떤 식으로 대비할 수 있을지 가늠해 보는 지식으로 활용할 수 있을 것이다. 그럼 지금부터 주택연금에 대해 구체적으로 알아보자.

신청 조건부터 살펴보면 첫 번째는 부부 중 한 명 이상이 만 55세가 넘어야 하고, 부부 중 한 명은 대한민국 국민이어야만 한다. 또한 신청하는 주택이 시가 기준 9억 원 이하여야 하는데, 다주택자라도 보유하고 있는 모든 주택의 합이 9억 원 이하라면 가능하다. 그리고 9억 원 초과 2주택자는 3년 이내 1주택을 매도하는 조건으로 신청이 가능하다. 또한 주택연금에 가입하는 주택을 가입자 또는 배우자가 실제 거주지로 이용하고 있어야 하고, 그 주택을 월세나 전세로 준 경우에는 가입이 불가능하다. 다만, 부부 중 한 명이 그 주택에 거주하면서 보증금 없이 주택의 일부만 월세로 주는 경우라면 가입이 가능하다. 9억 원 이하 주택에는 단독주

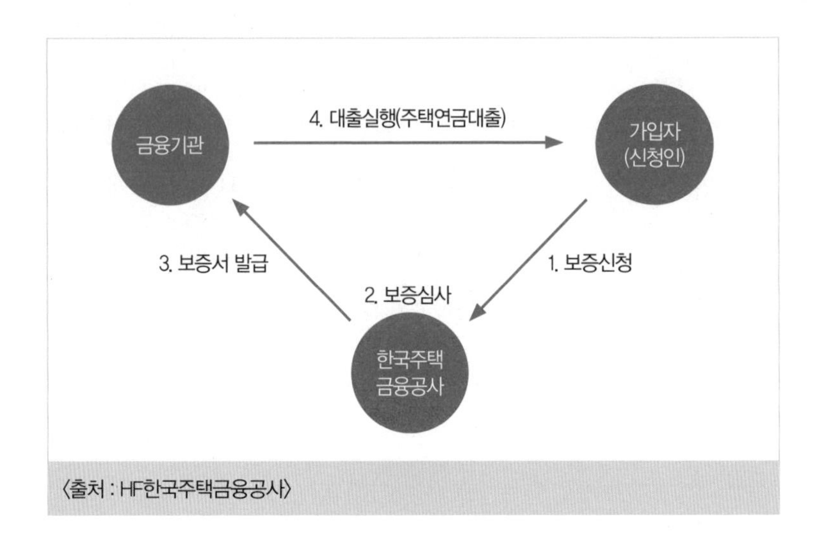

〈출처 : HF한국주택금융공사〉

택, 아파트, 연립, 다세대는 물론 지방자치단체에 신고된 노인복지 주택이나 주택 부분이 전체 면적의 2분의 1 이상인 복합용도주택도 포함된다. 이렇게 대상과 자격이 되면 누구나 주택연금을 신청을 할 수 있는데 어떤 식으로 지급이 이루어지는지 살펴보자.

먼저 신청인이 공사를 방문해 보증 상담을 받고 보증 신청을 해야 한다. 이렇게 보증 신청을 받은 공사가 신청인의 자격 요건과 담보 주택의 가격 평가 등을 심사한다. 그 다음 공사는 보증약정 체결과 저당권 설정 과정을 거쳐 금융기관에 보증서를 발급하며, 마지막으로 신청인이 해당 금융기관을 방문해 대출거래약정을 체결하고 금융기관에서 주택연금 대출을 실행해 주는 프로세스로 진행된다.

이렇게 신청을 마치면 주택연금을 다양한 형태로 수령할 수 있다. 주택연금을 지급받는 방법으로는 종신방식, 확정기간방식, 대출상환방식, 우대방식이 있으며, 각 특징은 다음 표와 같다.

구분	내용 (지급방식)
종신방식	월지급금을 종신토록 지급받는 방식 – 종신지급방식 : 인출한도 설정없이 월지급금을 종신토록 지급받는 방식 – 종신혼합방식 : 인출한도(대출한도의 50퍼센트 이내) 설정 후 나머지 부분을 월지급금으로 종신토록 지급받는 방식
확정기간 방식	고객이 선택한 일정 기간 동안만 월지급금을 지급받는 방식 – 확정기간혼합방식 : 수시인출한도 설정 후 나머지 부분을 월지급금으로 일정 기간 동안만 지급받는 방식* 확정기간방식 선택 시 반드시 대출한도의 5퍼센트에 해당하는 금액은 인출한도로 설정해야 한다.
대출상환 방식	주택담보대출 상환용으로 인출한도(대출한도의 50퍼센트 초과 90퍼센트 이내) 범위 안에서 일시에 찾아쓰고 나머지 부분을 월지급금으로 종신토록 지급받는 방식
우대방식	주택소유자 또는 배우자가 기초연금 수급자이고 부부기준 1.5억 원 미만 1주택 보유 시 종신방식(정액형)보다 월지급금을 최대 약 20퍼센트 우대하여 지급받는 방식 – 우대지급방식 : 인출한도 설정없이 우대받은 월지급금을 종신토록 지급받는 방식 – 우대혼합방식 : 인출한도(대출한도의 45퍼센트 이내) 설정 후 나머지 부분을 우대받은 월지급금으로 종신토록 지급받는 방식

이용 기간 중 다음의 경우 지급 방식 간 변경이 가능하다.

– 종신지급, 종신혼합 간

– 우대지급, 우대혼합 간

- 우대형 전환 요건*을 모두 충족한 경우, 종신지급(혼합)에서 우대지급(혼합)으로

***우대형 전환 요건**
- 가입 시 부부 중 1인 이상이 만 65세 이하로서 부부 기준 1.5억 원 미만의 1주택만 소유하고 있으나 기초연금 수급자가 아니여서 우대형 가입을 못한 경우일 것
- 가입 시 만 65세 이하였던 본인 또는 배우자가 만 66세가 되기 전까지 기초연금 수급권을 취득하고 우대형 전환을 위한 조건 변경 신청을 완료할 것
- 우대형 전환을 위한 조건변경 신청 시 부부기준 1.5억 원 미만의 1주택만 소유하고 있으며 지급 유형이 정액형이고 인출 한도가 45퍼센트 이내일 것

〈출처 : HF한국주택금융공사〉

이와 같은 방식 중에서, 본인이 원하는 방식으로 자유롭게 선택해 수령할 수 있다. 한 가지 예를 들어 보자. 다음 표는 확정기간 혼합방식으로 선택한 사람이 매월 수령하는 금액이다. 70세이고 지급 기간을 10년으로 선택한 사람의 주택 가격이 3억 원이라면 매월 약 155만 원 정도의 연금을 받을 수 있다는 것을 쉽게 확인할 수 있다. 이렇듯 지급 방식별로, 나이와 주택 가격에 따라 지급되는 금액이 어떻게 달라지는지는 HF한국주택금융공사 홈페이지(www.hf.go.kr)에서 확인할 수 있다.

일반주택 기준

〈단위 : 천원〉

주택가격		1억 원	2억 원	3억 원	4억 원	5억 원	6억 원	7억 원	8억 원	9억 원
연령	지급기간									
55세	25년	170	341	512	683	854	1,025	1,196	1,367	1,538
	20년	194	388	582	776	970	1,164	1,358	1,552	1,746
60세	20년	249	498	748	997	1,247	1.496	1,745	1,995	2,244
	15년	301	603	904	1,206	1,507	1,809	2,111	2,412	2,714
70세	15년	382	764	1,146	1,528	1,910	2,292	2,674	3,056	3,438
	10년	518	1,037	1,555	2,074	2,592	3,111	3,630	4,148	4,667

주택연금을 신청할 때 필요한 서류는 주택연금신청서 1부, 주민등록등본 2부, 주택소유자의 주민등록초본 1부, 전입세대열람표 1부, 가족관계증명서 1부, 소유자 인감증명서 2부, 소유자의 배우자 인감증명서 1부이고, 공사 방문 시 지참해야 하는 서류는 등기권리증 원본과 본인과 배우자의 신분증과 인감도장이다. 다만 주택연금도 결국에는 집을 담보로 대출을 받는 개념이기 때문에 충분히 고민해 보고 신청해야 한다.

참고해야 할 사항으로는 주택연금은 부부 중 한 명이 먼저 사망해도 연금액은 그 전과 동일하게 지급된다는 점과 연금지급총액보다 주택처분금액이 큰 경우 남은 금액을 자녀에게 상속할 수 있다는 점이다. 즉, 부부가 모두 사망해서 한국주택금융공사에서 주택을 처분했는데 처분금액이 연금지급 총액보다 커서 금액이 남으면 자녀에게 상속할 수 있다는 뜻이다. 반대로 주택처분금액이 연금 지급총액보다 적다고 해도 차액을 자녀가 갚거나 할 필요는 없다. 단점은 월 수령액에 인플레이션이 반영되지 않기 때문에 주택연금을 지급받는 몇 십 년동안 월 수령액의 절대금액은 같지만 상대적인 가치는 크게 줄어들 가능성이 높다는 점이다. 노후에 안정적인 소득이 없어 생활에 곤란을 겪는 사람이 있다면 이 제도를 잘 활용해 보기 바란다.

불패신화 부동산 투자, 어떻게 준비할까?

대한민국에서 부동산에 투자해 손해를 본 사람이 있을까? 서울 및 수도권을 비롯해 지방까지 상승하지 않은 부동산이 없을 정도로 부동산의 가치는 매년 가파르게 상승하고 있다. 하지만 부동산에 투자하려면 큰 초기 금액이 필요하다. 너무나도 올라버린 부동산을 구매하자니 가지고 있는 금액이 턱없이 부족한 것이 보통 사람의 현실일 것이다. 그렇다면 이제 어떻게 해야 할까? 수억 원에서 수십억 원의 돈을 가진 사람이 아닌 평범한 사람이라면 청약제도라는 것을 전략적으로 잘 활용해야 한다.

주택청약통장이란?

부동산에 관심 있는 사람이라면 최근 크게 화제가 된 힐스테이트 푸르지오 수원 무순위 청약을 알고 있을 것이다. 미계약 잔여 물량으로 풀린 42가구에 대한 무순위 청약 접수에 6만8000명이 몰려 평균 약 1618대1의 경쟁률을 기록했다. 특히 인기 평형인 84㎡에는 8가구 모집에 5477.3대1의 경쟁률을 보여 정말 폭발적인 관심임을 알 수 있었다. 이 날 해당 청약 사이트가 접속자 폭주로 서버가 다운돼 건설사는 부랴부랴 마감 시한을 오후 4시에서 7시로 연장했지만 마감 시간까지도 접속은 원활하지 않았고 "접속 자체가 로또다"라는 볼멘소리가 나오기도 했었다. 이날 84㎡의 분양가가 5억9500만 원이었는데, 당시 같은 평형의 분양권 매물이 포털에 8억 초반에 올라와 있었다. 그렇기 때문에 입주 후 2~3억 이상의 프리미엄, 즉 시세 차익을 얻을 수 있다고 소문이 나면서 많은 사람들의 관심을 끈 것이다. 해당 아파트뿐 아니라 보통 아파트 분양을 하면 많은 사람들이 몰려 보통 수백 대 일 정도의 경쟁률이 형성된다. 그렇다면 앞 부분에서 언급한 힐스테이트 푸르지오 수원 청약에는 왜 이렇게 많은 사람이 몰렸을까?

왜냐하면 무순위 청약, 즉 무작위 뽑기로 집주인이 결정됐기 때문이다. 보통 청약에 성공하기까지 오랜 기간의 준비와 노력이 필요하다. 무주택기간, 부양가족수, 청약통장 가입 기간으로 구성된

청약가점이 서울 등 수도권 인기 지역의 선호 평형에 당첨되려면 보통 60~70점 이상은 되어야 한다고 이야기한다. 또, 예치금 등 조건을 갖춘 청약통장이 필수인데, 무순위 청약은 이런 조건이 필요 없다. 무순위 청약은 일반분양 당첨자가 계약 이후에 자금 사정 등으로 계약을 포기하거나 청약가점을 잘못 입력하는 등 청약 당첨 부적격자로 판명돼 당첨이 취소됨으로써 나온 미계약분을 무작위 추첨으로 당첨자를 뽑는 것을 말한다. 청약통장 보유나 무주택 여부와 같은 특별한 자격 제한 없이 19세 이상이면 누구나 청약할 수 있다. 사람들은 가점 낮은 돈 많은 사람들이 남은 아파트를 현금으로 주워간다는 의미로 '줍줍'이라고 부르기도 한다.

무순위 청약에 대한 사례를 들었지만, 사실 여기에 당첨되기란 하늘의 별따기다. 평범한 일반인에게 일어나기란 거의 불가능에 가깝다고 할 수 있다. 하지만 여기서 확인할 수 있는 것은 청약통장의 중요성이다. 잘 준비해 놓은 청약통장이 있으면 수천 대 일의 경쟁률을 수십 대 일로 줄일 수 있기 때문이다. 물론 수십 대 일의 경쟁률에서 당첨되기도 쉽지 않다. 희망한 아파트 분양에 매번 떨어지고 다음을 기약하며 몇 번을 재도전해야 하는 경우가 대부분이기 때문이다. 하지만 청약은 신축 아파트를 가장 저렴(분양가)하고 안전하게 구입할 수 있는 확실한 방법이다. 서울의 아파트 값은 현재 오름세를 유지하고 있고, 특히 분양가상한제 적용 이후에는 공급 물량이 줄어들어 더욱 신축 아파트에 대한 수요가 몰리고 청약 당첨 가점도 오르게 될 것이다. 그래서 청약통장은 자산을 불려 나가려 할 때 필수적인 지렛대임은 물론이고, 나와 우리 가족의 안정적인 주거 환경을 마련해 행복하게 살아가기 위한 기초적인 발판이자 밑거름이다. 2019년 8월 기준, 청약통장에 가입한 인원수가 2500만 명을 돌파한 것만 봐도 청약통장의 필요성, 중요성에 공감할 것이다. 그럼 지금부터 청약 제도와 분양 형태에 맞는 월 불입 금액 등 전반적인 내용을 자세히 알아보자.

청약통장은 국민주택 및 민영주택을 공급받고자 가입하는 저축 상품이다. 국민주택은 국가 및 지자체, 한국토지주택공사 또는 주택사업을 목적으로 설립된 지방공사(SH 등)가 직접 건설하거나, 국민주택기금으로부터 자금을 지원받아 건설되는 주택으로 전용면적이 85㎡ 이하(수도권을 제외한 도시 지역이 아닌 읍, 면 지역의 경우 100㎡ 이하)인 주택을 말한다.

민영주택은 국민주택을 제외한 주택으로, 국민주택기금의 지원 없이 민간 건설업자가 건설하는 주택(평형 구분 없음)과 국가나 지방자치단체 등이 국민주택기금의 지원 없이 공급하며 전용면적 85㎡(25.7평)을 초과하는 주택을 말한다. 신규 분양되는 국민주택, 민영주택의 입주자로 선정돼 분양권을 얻으려 할 때 청약통장이 필요하다. 청약통장의 정식 명칭은 주택청약종합저축이며,

2009년 5월 출시되었다. 기존에 청약저축(전용면적 85㎡ 이하의 공공주택), 청약예금(모든 민영주택과 전용면적 85㎡를 초과하는 공공주택), 청약부금(전용면적 85㎡ 이하의 민영주택) 등 별도로 구분되었던 기능을 하나로 통합한 종합통장으로서, 국민주택과 민영주택을 가리지 않고 모든 신규 분양주택 청약에 사용할 수 있어 '만능청약통장'이라고도 불린다

구분	청약저축	청약예금	청약부금	주택청약종합저축
정의	전용면적 85㎡ 이하의 공공주택	모든 민영주택과 전용면적 85㎡를 초과하는 공공주택	전용면적 85㎡ 이하의 민영주택	공공주택 및 민영주택 모두 사용 가능

주택청약종합저축은 주택 소유나 세대주 여부, 연령 등에 관계없이 국내에 거주하는 개인이라면 누구나 한 계좌씩 가입할 수 있다. 별도의 만기가 없으며, 굳이 따지자면 청약에 당첨돼 입주자로 선정되었을 때가 만기라고 볼 수 있다. 예금액은 예금자 보호법으로 보호받지는 않지만 국민주택기금의 조성 재원으로 정부가 특별히 관리한다. 가입은 국민주택기금 취급 은행인 9개 은행(우리, 농협, 기업, 신한, 하나, 국민, 대구, 부산, 경남)에서 가능하다. 매월 2만 원에서 50만 원까지 납부가 가능하고, 최대 1500만 원까지 일시 예치가 가능하며, 불입된 금액의 중도 인출은 불가능하다. 이율은

가입일로부터 1개월 이내는 무이자, 1개월 초과~1년 미만은 연 1.0퍼센트, 1년 이상~2년 미만은 연 1.5퍼센트, 2년 이상은 연 1.8퍼센트의 금리가 적용된다. 일반 적금에 비해 금리가 높지 않고 중도 인출이 되지 않으므로 목돈을 만드는 저축용으로 적합한 통장은 아니다. 그래서 주택 청약 목적으로 가입하게 되는 것이다. 그리고 만약 청약통장을 해지하면, 가입 기간과 납입 금액을 인정받지 못하게 되므로 해지에 신중해야 한다.

청약 자격 조건과 민영분양 vs 공공분양 1순위 공략법!

청약 자격 조건은 만 19세 이상이며(부양가족이 있는 세대주인 미성년자라면 가능) 청약통장 소지자여야 한다. 국민주택은 해당 주택이 건설되는 지역에 거주하는 무주택 세대 구성원이어야 하고, 민영주택은 반드시 무주택자여야 하는 것은 아니지만 1주택 소유세대는 가점제 적용 대상에서 제외된다(기존 주택 6개월 내 처분 조건 시 가능). 청약 당첨은 1순위이어야 유리한데, 국민주택과 민영주택은 1순위 충족 기준과 순위를 매기는 당첨자 선정 방식에서 차이가 난다. 많은 사람들이 헷갈려 하는 부분이니 상세히 알아보자.

우선 국민주택은 1순위가 되는 조건 중 납입 횟수와 연체 여부가 중요하다. 국민주택은 보통 무주택 기간 3년에 아래와 같은 가입

기간과 납입 횟수만큼 연체없이 납부하면 1순위 조건을 충족할 수 있다.

구분	투기 · 청약과열지구	수도권	비수도권
가입 기간	24개월 이상	12개월 이상	6개월 이상
납입 횟수	24회 이상	12회 이상	6회 이상

국민주택은 소득 기준과 자산 기준을 충족하는 사람만 지원할 수 있다(예시 : 전용면적 60㎡ 이하의 공공주택에 청약하려면 전년도 도시 근로자 월평균 소득의 100퍼센트 이하 등). 그리고 1순위 내에서 경쟁이 있다면 전용면적 40㎡ 이하는 납입 횟수가 많은 순으로, 전용면적 40㎡ 이상은 총 납입액이 많은 순으로 당첨자가 선정된다. 일반적으로 청약통장의 1회 납입 인정 금액은 최대 월 10만 원이다. 작년 고덕 강일 4단지의 경우, 59㎡ 규격의 당첨 커트라인이 1960만 원이었다. 월 최대 인정금액인 10만 원씩 16년 4개월을 납입해야 하는 금액이다. 이와 같이 서울 지역 공공분양에 당첨되는 것을 목표로 하고 있다면 15~20년 이상을 월 10만 원씩 꾸준히 납입해야 할 것이다. 참고로 일찍 만들어 꾸준히 납입하는 것도 중요하지만 미성년자의 납입 인정은 최대 24회, 240만 원까지이므로 만 17세부터 시작해서 꾸준히 납입하는 것이 가장 좋은 방법이라 할 수 있다.

국민주택 공급물량은 실제로 얼마 되지 않아 사실상 대부분의 공급물량은 민영주택인 상황이다. 민영주택은 1순위가 되는 조건 중에서 가입 기간과 예치금액이 중요하다. 다음 표와 같은 가입 기간이 경과하고, 지역 면적별 기준 예치금을 맞춰 놓으면 1순위 조건을 충족할 수 있다. 즉, 납입 금액이 부족하더라도 모집 공고 전까지만 일시금으로 채워 넣으면 1순위가 될 수 있는 것이다.

구분	투기 · 청약과열지구	수도권	비수도권
가입 기간	24개월 경과	12개월 경과	6개월 경과
청약예치금	지역 · 면적별 예치금 납입		

〈단위 : 천원〉

구분	청약예치금		
	서울	광역시	기타 시, 군
85㎡ 이하	300	250	200
102㎡ 이하	600	400	300
135㎡ 이하	1,000	700	400
모든 면적	1,500	1,000	500

민영주택은 2017년 8 · 2 부동산 대책 이후 사실상 가점제로 당첨이 결정된다고 보면 된다. 서울 전 지역이 해당되는 투기과열지

구는 85㎡ 이하 일반공급 주택의 경우 100퍼센트, 청약조정지역에서는 75퍼센트로 비중이 늘었기 때문이다. 85㎡ 이상의 대형 평수에서는 가점제와 추첨제가 혼용되지만, 공급 물량이 적고 분양가도 높다. 하지만 이런 정책 변화는 무주택 실수요자에게는 좋은 기회일 것이다. 청약 가점은 무주택 기간 32점(15년 이상 만점), 부양가족 수 35점(6명 이상 만점), 청약통장 가입 기간 17점(15년 이상 만점) 총 세 가지 항목으로 구성되며 총 84점 만점이다. 민영주택 당첨을 노린다면 역시 최대한 빨리 가입해서 '청약 가입 기간' 점수를 확보하는 것이 중요하다. 2019년 청약 당첨자의 평균 청약통장 가입 기간은 서울 73개월, 경기 68개월, 부산 · 울산 66개월, 대전 63개월, 세종 60개월이고, 작년 7월 이후 분양된 주요 서울 아파트 청약당첨자의 평균 가점은 60점대라고 하는데, 4인 가족이 최대로 받을 수 있는 가점수가 69점이니 얼마나 당첨되기 어려운 것인지 알 수 있다. 개인별 청약가점은 청약홈(www.applyhome.co.kr)에서 계산해볼 수 있다.

대부분의 사람들은 일어나는 아침부터 잠이 드는 저녁까지 소비라는 생활의 연속선 상에 놓여 있다. 대중교통을 탈 때, 점심을 먹을 때, 커피를 마실 때, 편의점을 갈 때, 핸드폰을 할 때 등 모든 활동은 곧 소비와 연관된다. 하루에도 수 차례, 많게는 수십 차례까지도 인지하지 못한 채 수많은 소비를 한다. 다시 말하면 소비를 할 때마다 조금만 신경쓴다면 절약할 수 있는 기회가 많다는 뜻이다. 예를 들면 지역구상품권을 활용하면 소비 금액의 10퍼센트 수준을 절감할 수 있고, 알뜰폰을 사용하면 똑같은 품질이면서도 핸드폰 요금을 많게는 절반 이상 줄일 수 있다. 해외여행을 갈 때 핀테크사 앱을 이용해 환전하면 100퍼센트 환율우대로 수만 원을 절감할 수 있고, 자격증을 취득할 때 역시 무료사이트를 이용하면 값비싼 수강료를 많이 절감할 수 있다. 평소 체계적인 소비 습관을 들여 놓으면 1년에 한 번 있는 연말정산에서 세금을 돌려받을 수도 있다. 이렇듯 생활 속에서 절감할 수 있는 방법이 많지만 실제로 정신 없는 일상을 보내다 보면 이를 놓치는 때가 많으며, 모르고 지나가는 경우도 많다. 이번 파트에서는 나도 모르게 새 나가는 돈을 막고, 추가적으로 현명한 소비를 할 수 있는 방법에 대해 알아보자.

Part 4

새는 돈을 막아야 부자가 된다!

나의 지출을 이렇게 줄여 보자! 이런 것이 소확행!

매월 고정적으로 나가는 비용과 비고정적으로 나가는 비용은 어떤 것들이 있을까? 고정비로 나가는 대표적 비용으로는 핸드폰 요금, 관리비 같은 것들이 있으며, 비고정적인 비용은 수시로 나가는 쇼핑, 여행, 자격증 취득과 같이 특정 시기에 발생하는 비용이 있다. 고정비는 매월 나가는 것이기 때문에 반드시 줄일 방법을 알아야 하며, 비고정적으로 나가는 비용은 각 상황에 맞춰 절감할 수 있는 방법을 알아야 한다. 어떤 방법으로 이 두 가지 비용을 줄일 수 있는지 알아보자.

온누리 및 지역구상품권/화폐로 생활비 10퍼센트 줄여 보자!

코로나 바이러스 사태 탓에 흔들린 지역 경제를 살리려는 목적으로 다양한 쿠폰과 상품권이 나왔다. 이것을 계기로 많은 사람들이 지역구사랑상품권이나 지역화폐 그리고 온누리상품권, 제로페이 같은 결제를 이용해 더 스마트한 소비생활을 하는 데 관심을 기울이고 있다. 특히 온누리상품권이나 지역구사랑상품권은 금액과 상품권종별로 10퍼센트 정도 저렴하게 상시로 구매할 수 있기 때문에, 결국 소비하는 금액에서 10퍼센트를 세이브할 수 있는 상품이다.

서울사랑상품권은 지역 경제 발전과 시민 복지 증진을 위한 화폐로서, 서울 시내 곳곳에 있는 제로페이 가맹점에서 사용 가능한 가상 머니라고 보면 된다. 가장 대표적으로 체크페이라는 앱으로 이 상품권을 편리하게 구매할 수 있으며 80퍼센트 이상 소진 시에 다시 내 계좌로 환불을 받을 수도 있다. 특정 시기에는 추가로 5퍼센트 더 할인해 주기 때문에 시기만 잘 맞춘다면 15퍼센트 할인된 금액으로도 구매할 수 있다. 스마트한 사람은 매월 구매 한도를 꽉 채워, 거액의 돈이 들어가야 하는 곳에서 해당 상품권으로 결제함으로써 많은 금액을 세이브한다. 서울사랑상품권은 소득공제율도 신용카드 대비 월등히 높기 때문에 직장인이 연말정산에서 공제를 많이 받는 데 활용에도 아주 좋은 수단이다. 특히 편의점 등에서 담배나 술을 사는 데도 사용이 가능할 뿐만 아니라, 통신사 할인까지 중복으로 받을 수 있기 때문에 할인받을 수 있는 금액이 상당히 큰 편이다. 예로 든 편의점뿐 아니라, 음식점, 학원, 서점, 중소마트, 전통시장, 빵집, 노래방, 병원, 주유소, 헬스장, 공방, 미용실 등 모든 제로페이 가맹점에서 사용 가능하다. 제로페이 모바일 상품권 홈페이지(www.zeropaypoint.or.kr)에서 세부적인 사용처 확인도 가능하다. 참고 사항으로 서울사랑상품권은 이마트, 롯데마트, 다이소 등 대형기업형 가맹점과 유흥주점과 같은 사행성 가맹점에서는 사용할 수 없다. 또, 각 구에서 발행한 상품권은 각 구 내에서만 사용이 가능하다.

매월 핸드폰비를 3만 원 이상 줄일 수 있다고?

최근 비싼 핸드폰이 계속 출시되었고 통신 사용량도 늘어나 매월 통신비라는 명목으로 나가는 비용이 엄청나게 증가했다. 심지어 하우스푸어, 카푸어에 이어 폰푸어라는 말까지 등장했다. 생활비 중에 통신비가 차지하는 비용이 그만큼 커졌다는 의미다. 먼저 대학생의 경우, 공부하느라 시간도 없는 와중에 어렵게 짬을 내서 알바를 했는데 한 달에 7~10만 원씩 통신비로 빠져나가면 정말 허

무할 것이다. 직장인도 마찬가지다. 대부분 무제한 요금제를 쓰기 때문에 매월 소비되는 10만 원 정도의 통신비는 어떻게 보면 굉장히 아까운 비용이다. 그런데 똑같은 무제한 요금제를 쓰면서 매월 약 4만 원의 통신비를 절감할 수 있는 방법이 있다. 바로 알뜰폰 통신사를 이용하는 것이다.

알뜰폰이라고 하면 가장 먼저 어떤 이미지가 떠오르는가? 첫 번째가 옛날 핸드폰에만 적용될 것 같은 느낌. 두 번째가 핸드폰을 자주 쓰지 않는 고연령층 어르신을 위한 것. 세 번째가 전화만 되면 되는 학생들이 쓰는 것. 마지막으로 번호 이동 후 요금 할인을 받으면 많이 싸지니까 그냥 대형통신사를 쓰는 게 조금 더 비싸더라도 품질은 나을 것 같다는 느낌이다. 하지만 이 네 가지 모두 완전히 잘못 생각하고 있는 것이다. 먼저, 실제 주 가입층은 20~40대가 가장 많은 편이다. 어르신들이나 학생들이 쓰는 게 아니라는 뜻이다. 게다가 알뜰폰 가입회선수가 800만 명 수준인 상황으로 이미 많은 사람들이 알뜰폰을 사용하고 있다. 많은 사람들이 이미 알뜰폰 통신사를 통해 통신비를 많이 절감하고 있는 것이다. 생각보다 많은 사람들이 이용하고 있다는 점에 놀랐을 수도 있는데, 특별한 이유 없이 대형 통신사에 비교적 비싼 비용을 지불하고 있지는 않은지 생각해볼 필요가 있다.

알뜰폰은 요금제가 굉장히 저렴한 편이다. 왜 요금제가 저렴할까? 그 이유는 바로 알뜰폰 사업자는 기존 통신사의 자회사라서 기존 통신사가 구축해 놓은 망을 공유해 쓸 수 있기 때문이다. 다시 말하면 망 구축비가 별도로 들어가지 않았다. 결국 그만큼의 구축 비용을 절감한 것이기 때문에 절감한 금액만큼을 통신비 할인으로 고객에게 돌려주는 것이라 볼 수 있다. 이번에 5G망을 구축하는 데도 비용이 엄청나게 들었는데, 알뜰폰 통신사는 이런 비용을 하나도 들이지 않았기 때문에 3대 통신사보다 훨씬 저렴한 요금제로 운영할 수 있는 것이다. 게다가 알뜰폰은 매년 다 쓰기도 힘든 과도한 현금성 포인트를 제공하지 않는다. 그것도 저렴한 요금제를 운영할 수 있는 요인이다.

또 좋은 장점이 있다. 알뜰폰은 기존 통신사와 다르게 약정제도가 없다. 약정제도가 없기 때문에 그냥 쓰다가 언제든지 해지해도 된다. 당연히 위약금도 없다. 굳이 통신사 요금제 할인 받자고 2년간 약정에 묶일 필요가 있을까? 이렇듯 알뜰폰 통신사를 이용해야 하는 이유는 무궁무진하다. 사람들이 쓰지 않는 이유는 앞서 설명한 오해에서 비롯된 것이라고 생각한다. 알뜰폰 브랜드는 개통도 쉽다. 대리점을 방문하지 않고도 온라인으로 모든 것이 가능하다. 온라인으로 개통을 신청하고, 요금제를 선택하면 내가 설정한 주소로 USIM이 배송돼 오는데 이것을 내 핸드폰에 꽂기만 하면 모든 절차가 완료된다. 다만 번호 이동 시 기존 통신사의 위약금이나 약정 상태 등을 사전에 확인해야 한다. 알뜰폰 통신사를 이용한다고 하면 긍정적인 인식보다는 부정적인 인식이 아직 많은 편이지만, 알뜰폰 통신사를 한 번 이용해본 사람은 대부분 만족하면서 계속 사용한다. 왜냐하면 앞서 설명한 대로 월 통신비 부담이 확 주는 데다가 통신 품질도 기존 대형 통신사와 똑같아서 별다른 불편함을 느끼지 못하기 때문이다. 내가 핸드폰을 주로 어디에 쓰는지, 무엇 때문에 사용하는지 잘 고민해 보고, 현명하게 선택해야 한다.

환전할 때 100퍼센트 환율우대는 이렇게 받을 수 있다!

과거에는 여름, 겨울, 장기 연휴 등 시즌에 맞춰 해외여행을 가는 것이 일상일 정도로 많은 인기를 끌었었다. 하지만 최근 코로나 여파로 해외로 출국하는 일이 거의 없어진 상황이다. 그래도 언젠가는 백신이 나와 코로나도 극복할 것이고, 해외여행에 대한 니즈 역시 다시 높아질 것이라 생각한다. 그렇다면 해외여행을 갈 때 필요한 게 무엇일까? 항공권, 숙박, 여행 일정과 같은 부분도 중요하지만 현지에서 쓸 돈인 현지화폐를 준비해 가는 것 역시 매우 중요하다. 그렇다면 환전 비용 중 많은 부분을 차지하는 수수료를 어떻게 아낄 수 있을까? 대부분의 사람들은 환전할 때, 주거래 은행이나 근처에 있는 시중은행에 방문해 필요한 금액만큼 환전할 것이다. 그리고 해당 은행에서 고객별로 적용해 주는 소폭의 환율우대를 받아 봤을 것이다. 그렇다면 누구나 다 환율우대 100퍼센트를 받으려면 어떻게 해야 할까? 환율우대 100퍼센트를 받기 전에 환율우대나 단가가 어떻게 정해지는지, 그중에 먼저 환율에 대해서 알아보자. 우리는 환전을 하러 은행에 가는데, 그 이유는 은행이 다양한 외화를 가지고 있기 때문이다. 그 외화를 고객에게 팔기도 하고, 고객으로부터 사기도 하는데 이는 법적으로 은행은 외국환 업무를 할 수 있는 기관이기 때문이다. 외국환 매매 업무를 한다는 것은 외국환을 취급한다는 뜻인데, 이는 즉 다시 말하면 외화를 보유하고 있다가 부족하면 다시 채워 놓아야 하고, 많으면 일부를 다른 곳으로 옮겨 놓는 등의 전반적인 관리 업무가 포함된다는 것이다. 또한 이 업무를 하는 직원의 인건비도 줘야 하는 등의 여러 가지 부수적인 비용이 든다. 그래서 외환을 고객에게 주거나 받거나 할 때 은행에서는 외환에 수수료 마진을 붙이는데, 이를 이해하려면 다음의 표에 나온 다섯 가지의 환율을 알아야 한다.

구분	현찰매입률 (현찰 팔 때)	전신환매입률 (송금 받을 때)	매매 기준율	전신환매도율 (송금 보낼 때)	현찰매도율 (현찰 살 때)
환율 (USD 예시)	980원	990원	1,000원	1,010원	1,020원

매매기준율을 시작으로, 전신환매입율, 매도율, 현찰매입율, 매도율이 있는데 이 용어가 고객에게 너무 어렵다고 해서, 지금은 송금 보낼 때 환율, 받을 때 환율, 현찰 살 때 환율, 팔 때 환율 이렇게 병행해서 쓰고 있다. 이는 그냥 쉽게 표현하려고 쓰는 말이 아니라 공식적으로 사용되는 용어다. 보통 외환 서비스를 운영하는 은행별로 수수료 정책이 다르고, 화폐별로 유동성 물량이 다르기 때문에 환율을 일반화하긴 어렵지만 매매기준율을 중점으로 해서 송금을 보낼 때와 송금을 받을 때 약 1퍼센트의 마진을, 현찰로 살 때와 현찰로 팔 때는 2퍼센트의 마진을 외화에 붙이는 편이다. 송금 보낼 때의 환율이 현찰로 살 때의 환율보다 저렴한 이유는 무엇일까? 실제 화폐를 취급하지 않고, 전산으로 업무를 처리하기 때문에 앞서 설명한 관리 비용이 상대적으로 덜 들기 때문이다. 그럼 현찰로 살 때와 팔 때의 환율을 기준으로 우대율에 따라 어느 정도의 비용이 차이 나는지 비교해 보자. 매매기준율을 1000원으로 하고 현찰 거래에 대한 마진율을 2퍼센트로 가정해 보자. 현찰로 살 때는 마진이 2퍼센트이기 때문에 1020원을 고객에게 적용하는 것이고 현찰로 팔 때는 980원을 고객에게 적용하는 것이다. 그래서 환율우대를 하나도 받지 않았을 경우 1000달러를 사려면 102만 원(1000달러 × 1020원)이 드는 것이고 1000달러를 팔면 98만 원(1000달러 × 980원)이 되는 것이다.

구분	현찰살 때 환율 980원	현찰팔 때 환율 1020원
1000달러	98만 원	102만 원

반면, 내가 50퍼센트의 환율우대를 받았다고 가정해 보자. 그럼 현찰 살 때, 현찰 팔 때 마진이 2퍼센트였기 때문에 20원의 50퍼센트인 10원만 적용한다는 뜻이다. 그래서 1000달러를 사면 101만 원(1000달러 × 1010원)이 들고, 1000달러를 팔면 99만 원(1000달러 × 990원)이 되는 것이다. 90퍼센트의 환율우대를 받으면 어떻게 될까? 2퍼센트인 20원 올린 것에서 90퍼센트를 우대해준 것이니까 18원을 우대해줘서 2원만 은행에서 마진으로 받아간다. 즉, 90퍼센트 우대를 받고 1000달러를 사면 100만2000원(1000달러 × 1002원)이 든다. 똑같은 1000달러를 현찰로 사고파는 데 각각 드는 비용과 받는 비용이 달라진다. 이래서 환율우대를 어느 정도로 받느냐에 따라 환전에서 돈을 얼마나 아낄 수 있느냐가 결정된다고 하는 것이다.

달러는 전 세계 어디에서든지 사용되는 공용통화이기 때문에 시중은행 대부분 지점에서 언제든지 구매가 가능하다. 반면, 상대적으로 특수한 국가의 화폐는 사람들이 많이 찾아오는 큰 본점에서만 관리하는 편이다. 또한 비교적 수요가 적은 화폐는 마진율이 달러 화폐에 비해 훨씬 높을 수 있다. 즉, 수요가 많은 달러 대비 수요가 적은 화폐는 일반적으로 비싸게 취급하는 것으로 이해해도 무방하다. 특히 공항 지점에서는 사람들이 깜빡하고 환전을 하지 않고 오는 경우가 많기 때문에 굳이 환율우대를 많이 해주지 않더라도 많은 사람들이 외화 거래를 한다. 화폐 관리 업무도 많아짐에 따라 공항에서는 더 높은 수수료를 받으려 할 것이다. 그래서 수요가 높은 달러를 사더라도 상대적으로 집 근처에 있는 은행보다 환율을 비싸게 적용하고, 환율우대도 잘 제공해 주지 않는 편이다.

은행별로 왜 환율이 다른지, 왜 공항은 비싼 편인지 대략적으로 이해가 됐을 것이다. 그렇기 때문에 여행을 출발하기 전에 환율우대를 많이 받아서 환전해 놓는 것이 유리하다.

지금까지 환율이 어떻게 계산되는지 알아보았는데, 그럼 우리는 100퍼센트 환율우대를 어떻게 받을 수 있을까? 물론 은행의 고객 등급에 따라 받을 수 있는 사람도 있겠지만 대부분의 일반 직장인들은 높은 우대율을 적용받기 힘들다. 하지만 핀테크사의 환전 서비스를 이용하면 꽤 높은 환율우대를 적용받을 수 있다. 가장 대표적으로 토스, 페이코, 카카오페이가 KEB하나은행과 제휴한 환전 서비스를 출시해서 운영 중이다. 해당 핀테크사 어플을 이용해 처음 환전할 경우 세 개의 통화는 100퍼센트 환율우대를 해주고 있으며, 주요 통화는 90퍼센트 이상의 환율우대를 상시적으로 해준다. 거의 원가로 외화를 구매할 수 있는 셈이다. 즉, 불필요한 수수료를 은행에 주지 않아도 된다.

그럼 핀테크사를 통해 환전하면 왜 100퍼센트 우대가 되는 것일까? 이런 핀테크사는 간편한 금융 서비스를 제공한 덕분에 몇 천만 단위의 회원을 보유하고 있다. 은행 입장에서는 이들에게 높은 환율우대 서비스를 제공하면, 환전이 필요한 고객을 은행으로 방문하게 할 수 있다. 계좌가 없는 고객이면 계좌 개설도 유도할 수 있고, 계좌가 있는 고객이더라도 금융 상품을 권할 수 있는 기회가 된다. 또한 핀테크사 입장에서는 해외여행을 가는 수요에게 높은 환율우대 서비스를 본인의 플랫폼을 통해 제공함으로써 추가적으로 회원을 가입시킬 수 있어서 상호 간 제휴해 이 서비스를 제공할 이유가 있는 것이다. 그리고 수령할 날짜를 지정할 필요도 없이 언제든지 어느 지점이든지 신분증만 가지고 방문하면 쉽게 찾을 수 있고 설령 찾지 않는다 하더라도 환전 지갑이라는 가상 지갑에 내가 신청한 환전 금액이 그대로 보관된다. 은행에서 상대적으로 비싸게 환전하기보다 핀테크 앱의 환전 서비스를 이용한다면 수수료 비용을 꽤 절감할 수 있을 것이다.

자격증을 취득할 땐 무료수강 지원사업을 이용하자!

노인심리상담사나 방과후지도사 등과 같은 자격증을 한 번쯤은 들어봤을 것이다. 이와 같은 분야의 상담사 혹은 지도사 과정을 수료하면 자격증을 받는데, 이런 자격증은 평생 직업으로서의 가치도 있을 뿐 아니라, 자기계발이라는 측면에서도 만족도가 높다. 하지만 내가 지금 당장 하고 있는 업무와 관련성이 멀어 보이기도 하고, 자격증 과정을 수료하고 취득하는 데 드는 비용도 상당하기 때문에 망설이는 사람들이 많은 것이 현실이다.

이런 이런 상담사나 지도사와 관련된 자격증 과정을 무료로 취득하는 방법이 있다. 바로 수강료나 시험응시료, 그리고 교재비와 같은 돈을 들이지 않고 쉽게 자격증을 취득할 수 있는, 국제자격검정원 사이트를 이용하는 방법이다. 국제자격검정원 사이트에서는 과정별 30만 원에 달하는 수강료가 3과정까지 전액 면제 되는 이벤트가 수시로 진행 중이다. 다시 말하면 한 과목당 30만 원 상당의 수강료를 납부하지 않고, 세 과목인 90만 원 상당까지의 비용이 무료라는 뜻이다. 또한 무료로 수강하는 3개 과정에 대해서는 교재 비용이나 시험응시료도 별도로 발생하지 않는다.

해당 사이트는 모바일로도 수강이 가능하고, 각 과정별로 60점 이상만 취득하면 자격증을 주기 때문에 주말이나 출퇴근 시간을 이용해서도 자격증 취득이 가능하다. 설령 시험에 떨어지거나, 수강하다가 도중에 포기하더라도 어차피 무료이기 때문에 손해볼 것은 없는 셈이다. 다만 모든 과정에 합격했을 경우 자격증 발급비로

8만 원 정도의 금액이 든다. 자격증을 취득에 필요한 수강료는 무료이고, 취득비만 내면 되는 것이기 때문에 충분히 활용할 가치가 있다.

그럼 국제자격검정원은 어떤 곳인지, 왜 무료로 수강이 가능한지, 그리고 취득한 자격증을 향후 어떻게 활용할 수 있는지 알아보자. 국제자격검정원은 취업을 원하는 사람들이나, 경력 단절로 고민하고 있지만 근로 의욕이 있는 사람에게 질 높은 교육 컨텐츠 제공하고, 자격 취득뿐 아니라 취업정보센터를 통해 일자리 정보까지 제공함으로써 학습자가 실제 업무 현장에 빠르게 뛰어들 수 있도록 지원하는 곳이다.

각 과목별 과정을 수강하고 과정 평가 시험에서 60점 이상을 받는 등 수료 기준을 만족하면, 한국직업능력개발원에 등록된 협회에서 자격증이 발급되고 개인자격번호가 부여된다. 그렇기 때문에 취업 준비생이나 경력 단절 여성, 전업주부나, 중 · 장년층 등이 자격증을 취득하면 취업 시 이력서나 자기소개서에 정식으로 자격을 기재할 수 있다. 특히 앞에서 설명한 대로 100퍼센트 온라인 강의라 누구든지 자유롭게 수강할 수 있다는 점이 가장 큰 장점이라고 할 수 있다. 학원을 다녀야 한다거나 어딘가에 가서 현장 수업을 들어야 하는 부담이 있다면 수료하는 것이 보통 일이 아닐 것이다. 하지만 100퍼센트 온라인 강의이기 때문에 시간 날 때마다 자유롭게 그 기준을 충족시킬 수 있다. 국제자격검정원의 강의는 타교육원처럼 강의를 사다가 판매하는 형태로 제공하는 것이 아니라, 본원 자체 스튜디오에서 제작한 최신 강의로만 구성하고 있기 때문에 지속적으로 질 좋은 컨텐츠가 공급돼 많은 분에게 취업과 자기계발에 도움을 주고 있다는 것이 특징이다. 또한 보통 각 과정은 2급, 1급 이렇게 나뉘어 있는 편인데, 국제자격검정원에서는 2급 및 1급을 동시에 취득할 수 있는 통합 과정을 제공하기 때문에 시간과 비용을 절감하면서 만족감을 극대화시킬 수 있다. 게다가 교육 분야 중 유일하게 홈페이지에서 취업정보센터를 운영한다. 이곳에서 전국의 채용 정보를 매일 새롭게 업데이트한 콘텐츠도 무료로 열람할 수 있기 때문에 이 사이트를 잘 활용한다면 경력 단절로 고민하고 있는 사람들은 인생의 또 다른 국면을 맞이할 수도 있을 것이다.

나의 월급 포트폴리오 어떻게 관리하고 계시나요?

회사에 다니는 사람은 매달 특정일이 되면 급여를 받는다. 사람에 따라 급여액은 천차만별이지만 누구든지 각자의 상황에 맞게 월급을 관리해 나간다. 그러면 어떻게 관리하는 것이 가장 좋을까? 각자 관리하는 방법이 가지각색이므로 그에 대한 정답은 없다. 누가 맞는 것도 아니고 누가 틀린 것도 아니다. 다만 각자의 관리 방법이 다른 것일 뿐이다. 급여 관리에 앞서 나의 연봉, 즉 나의 월급은 어떻게 계산되는지, 세금은 어떻게 공제되는지 등 월급 관리에 필요한 사전 지식을 알아보자.

연봉에 따른 실수령 급여액 계산법

친구들이나 가족들에게 연봉이 5000만 원 정도 된다고 하면, 한 달에 400만 원 넘게 수령하는 걸로 이해를 하는 사람이 많다. 하지만 실제로 매달 급여에서 공제되는 세금을 제외하고 나면 월 수령액은 300만 원 초반이나 200만 원 후반이 되기 마련이다. 실제로 연봉 대비해서 월 수령액은 그렇게 크지 않은 편인데, 고액 연봉자가 될수록 더 그러하다. 그럼 매달 어떤 세금이 어떻게 공제되는지 알아보자.

4대 보험을 가입해 주는 직장에서 급여를 받는다면, 총 6개의 항목이 공제된다. 이 6개의 항목은 국민연금, 건강보험, 장기요양보험, 고용보험, 소득세, 지방소득세다. 국민연금부터 살펴보자. 국민연금은 국내에 거주하는 18세 이상 60세 미만의 국민이라면 가입해야 한다. 국민연금 가입자는 사업장 가입자와 지역 가입자로 나뉘며, 국민연금보험료는 총 기준소득월액의 9퍼센트를 납입하도록 정해져 있다. 사업장 가입자는 절반은 회사에서 납부해 주기 때문에 남은 절반인 4.5퍼센트를 개인이 납입해야 한다. 지역 가입자는 9퍼센트의 금액 전부를 본인이 납입해야 한다. 나의 세전 월급이 200만 원이라면 4.5퍼센트인 9만 원이 국민연금보험료로 공제되는 것이다. 그런데 나의 세전 월급이 500만 원이라면 4.5퍼센트인 22만5000원이 아니라 21만8700원이 공제된다. 이유는 기준소득월액, 즉 월급이 503만 원을 초과하는 경우에는 503만 원을 상한 금액으로 설정해서 그 금액의 4.5퍼센트를 공제하는 것으로 정해져 있기 때문이다.

그 다음은 건강보험료다. 간강보험료는 내 급여에서 6.67퍼센트를 내게 되어 있다. 다만 사업장 가입자는 국민연금과 마찬가지로 절반은 회사에서 납입해 주기 때문에 남은 절반인 3.335퍼센트를 본인이 납입하게 된다. 내 세전 급여가 200만 원이라면 3.335퍼센트인 6만6700원이 건강보험료로 공제되는 것이고, 내 세전 급여가 500만 원이라면 3.335퍼센트인 16만6750원이 건강보험료로 공제되는 것이다. 건강보험료는 월급 상한 금액 기준 없이 세전 월급 금액을 기준으로 3.335퍼센트 비율이 적용된다.

그 다음은 장기요양보험료다. 장기요양보험료는 보험료율이 10.25퍼센트로 정해져 있다. 다행이도 세전 월급의 10.25퍼센트가 아니라 건강보험료로 산정된 금액의 10.25퍼센트다. 그래서 월급이 200만 원인 사람은 6만6700원이 건강보험료로 산정됐기 때문에, 계산되었던 6만6700원의 10.25퍼센트인 6830원이 장기요양보험료로 공제되는 것이다. 내 월급이 500만 원이라면 16만6750원의 10.25퍼센트인 1만7090원이 장기요양보험료로 공제된다. 이 장기요양보험료는 사업장에서도 납입하기는 하지만, 본인이 납입해야 할 금액의 50퍼센트를 납입해 주는 것이 아니라, 본인이 납입해야 하는 금액만큼 사업장에서 한 번 더 납입하는 것이다. 결국 내가 납입해야 할 금액은 산정된 건강보험료의 10.25퍼센트라고 간단하게 이해하면 된다.

그 다음은 고용보험료다. 고용보험료는 기준소득월액, 즉 내 월급에서 0.8퍼센트를 근로자가 내도록 정해져 있다. 내 세전 월급이 200만 원이라면 0.8퍼센트인 1만6000원이 고용보험료로 공제되고, 내 세전 월급이 500만 원이라면 4만 원이 고용보험료로 공제된다. 상한 금액 없이 세전 월급 그대로의 금액에서 0.8퍼센트가 적용된다. 고용보험료 역시 사업장도 납입하고 있는데 직장에 재직중인 근로자 수에 따라 달라진다. 근로자 수가 150명 미만이면 기준소득월액의 0.25퍼센트, 150명 이상이면서 우선지원대상기업은 기준소득월액의 0.45퍼센트, 150명 이상 1000명 미만 기업은 기준소득월액의 0.65퍼센트, 1000명 이상 기업이나 국가지방자치단체는 기준소득월액의 0.85퍼센트를 부담한다.

그 다음은 소득세와 주민세다. 국세청 사이트를 들어가 보면 근로소득간이세액표라는 파일이 업로드돼 있다. 월급이 77만 원인 경우부터 금액별로 소득세를 매겨 놓았다. 물론 이 부분은 공제 대상 가족 수에 따라 달라지는데, 공제 대상 가족에 배우자나 자녀 등을 반영하지 않고 본인 1명 기준으로 찾아보면 월급 200만 원 기준으로 소득세가 1만9520원으로 나와 있으며, 바로 이 금액이 소득세로 공제된다. 주민세는 소득세의 10퍼센트로 측정되니 1만 9520원의 10퍼센트인 1950원이 한 번 더 공제된다. 나의 급여를 500만 원으로 가정한다면, 35만470원이 소득세로 공제되는 것을 파일을 통해 확인할 수 있을 것이고 35만470원의 10퍼센트인 3만 5040원이 주민세로 한 번 더 공제가 되는 것이다. 가장 많은 세금을 떼이는 부분이 소득세라 할 수 있다.

이렇게 6개의 공제되는 금액을 제외하면 연봉 2400만 원, 즉 월급이 200만 원인 사람이 한 달에 수령하는 실제 금액은 약 180만 원 정도다. 그리고 연봉 6000만 원, 즉 월급이 500만 원인 사람이 한 달에 수령하는 금액은 약 417만 원 정도가 된다. 200만 원 기준으로는 총 10.1퍼센트 정도 공제되는 셈이고, 500만 원 기준으로는 16.6퍼센트가 공제되는 것이므로 월급여가 커질수록 공제되는 세금 비율도 커지는 구조로 되어 있다는 점이 바로 이해될 것이다. 그리고 각 공제 금액은 1원 단위까지 계산되는데, 1원 단위는 모두 절사된다는 점은 참고하기 바란다. 이렇게 6가지 공제 항목이 제외되고 난 금액을 실수령 급여라고 부르는데, 본인의 급여명세서를 기준으로 한 번쯤 정확하게 공제되고 있는지 계산해 보기 바란다.

〈연봉에 따른 실수령액〉

연봉	월급	국민연금 보험료	건강 보험료	장기요양 보험료	고용 보험료	소득세	기타 소득세 (주민세)	실수령액
2400만 원	200만 원	90,000원	66,700원	6,830원	16,000원	19,520원	1,950원	약 180만 원
6000만 원	500만 원	218,700원	166,750원	17,090원	40,000원	350,470원	35,040원	약 417만 원
기준금액		세전급여 (상한 503만 원)	세전급여	건강 보험료	세전급여	세전급여	소득세	
공제율		4.5 퍼센트	3.335 퍼센트	10.25 퍼센트	0.8 퍼센트	근로 소득간 이세액표	10.0 퍼센트	

연말정산이란 무엇이며 어떻게 계산될까?

연말이 다가온다는 것은 새로운 해를 곧 맞이한다는 의미도 있지만, 재테크적인 측면에서는 연말정산을 준비할 시기가 가까워진다는 것을 뜻한다. 매년 시행되는 연말정산을 제대로 챙기려면 놓치고 있는 부분은 없는지, 남은 기간 동안 어떤 항목을 체크해야 뱉어내지 않고 조금이나마 돌려받을 수 있을지 확인할 필요가 있다. 왜냐하면 세금은 회사나 정부에서 개인별로 체크해 주거나 확인해 주지 않기 때문이다. 세금은 개인 스스로 직접 챙겨야 하며, 놓치는 부분이 있다면 100퍼센트 본인의 손실로 귀결된다. 먼저 연말정산을 하려면 용어에 대한 개념 정리가 잘돼 있어야 한다. 무엇보다 소득공제와 세액공제라는 개념이 가장 중요하다.

소득공제부터 자세히 알아보자. 국가에서는 1년간 벌어들인 수익 규모에 따라 세금을 매기는 구간과 규모를 미리 정해 놓았다. 간단하게 표현하면 많이 버는 소득 구간에 해당될수록 세금을 납부하는 규모도 커지게 되어 있다. 하지만 실제로 소득은 높다 하더라도 소득 대비 많은 지출을 한 사람은 번 돈을 필요한 데에 대부분 사용한 상황인데 세금까지 많이 납부하라고 하면 억울할 것이다. 그래서 미리 정해진 분야에서 사용한 돈은 소득에서 공제해 주는 것이 소득공제다. 이를 다시 풀이하면 소득공제를 많이 받을수록 세금을 매기는 구간을 결정하는 나의 총소득이 줄어든다고 보면 된다, 결국 총소득이 줄어들면 세금을 정하는 소득 구간에서도 낮아지는 것이기 때문에 납부해야 할 세금도 자연스럽게 줄어든다. 그렇기 때문에 연말정산을 준비하는 많은 직장인이 소득공제 항목을 잘 챙기는 것이다.

세액공제는 무엇일까? 만약 본인이 최종적으로 100만 원의 세금을 납부해야 하는 것으로 결과가 나온 상황을 가정해 보자. 그런데 20만 원의 세액공제가 적용되는 금융 상품에 가입한 상태라면, 세금에서 20만 원을 공제해 80만 원만 납부하면 된다. 반대로 100만 원의 세금을 환급받아야 하는 상태에서 세액공제 20만 원이 적용되는 금융 상품까지 가입했다면 총 120만 원을 환급받게 되는 것이다. 즉, 세액공제란 내야 할 세금에서 해당하는 금액만큼 공제해 주는 것을 뜻한다. 이렇게 개인별로 소득공제와 세액공제를 적용해서 1년간 벌어들인 돈에 대한 세금의 규모를 결정하는데, 우리가 매달 급여에서 공제된 세금의 합보다 적다면 연말정산에서 추가로 납입해야 하는 것이고, 매달 월급에서 공제된 세금이 더 큰 경우에는 해당하는 금액만큼 돌려받는 것이 연말정산인 것이다.

그럼 바로 연말정산이 어떻게 이루어지는지 살펴보자. 먼저 연간근로소득이라는 개념을 알아야 한다. 연간근로소득이라는 것은 모든 이유를 불문하고, 근로를 통해 받은 모든 대가를 포함하는 소득이다. 원천징수영수증에 나오는 금액과는 다른 소득이다. 실제로 세전 기준으로 회사에서 5000만 원 정도 급여로 수령한 것 같은데, 원천징수영수증을 떼 보면 5000만 원보다는 많이 낮은 금액으로 나오는 경우가 많았을 것이다. 연간근로소득이 원천징수영수증에 나오는 총급여액보다 더 상위 개념이라고 보면 된다. 원천징수영수증에 나오는 총급여액은 연간근로소득에서 비과세소득을 제외한 것을 의미한다. 그렇다면 연간근로소득에 포함돼 있는 비과세소득은 무엇일까? 비과세소득이란 회사 내부 정책에 의해 지급되는 자기차량운전보조금, 연구보조비 같은 실비 변상적 급여나, 국외근로소득, 근로장학금, 출산수당, 보육수당, 직무발명보상금과 같은 각종 수당을 의미한다. 이런 종류의 수당은 비과세소득이라는 항목으로 분류되고, 연간근로소득에서 비과세소득을 제외하면 총급여액이 산출되는데, 이 총급여액이 원천징수영수증에 찍히는 금액이다.

이렇게 총급여액이 나오면, 여기에서 한 번 더 근로소득공제라는 것을 한다. 총급여액에서 근로소득공제금액을 빼고 나면, 이제 근로소득금액이라는 것이 산출된다. 다음 표처럼 개인별 총 급여액은 크게 다섯 개의 범위로 분류하여, 각 해당 구간에 맞게 근로소득공제를 하는데, 총급여액(원천징수)이 5000만 원이라면 네 번째 구간에 속한다. 그래서 공제되는 금액은 1200만 원 + 500만 원 × 5퍼센트이므로 1225만 원이 되고, 총급여액인 5000만 원에서 1225만 원을 빼고 난 나머지 3775만 원이 나의 근로소득금액이 된다.

총급여액	근로소득공제금액
500만 원 이하	총급여액의 100분의 70
500만 원 초과 ~ 1500만 원 이하	350만 원 + (총급여액 – 500만 원) x 40퍼센트
1500만 원 초과 ~ 4500만 원 이하	750만 원 + (총급여액 – 1500만 원) x 15퍼센트
4500만 원 초과 ~ 1억 원 이하	1200만 원 + (총급여액 – 4500만 원) x 5퍼센트
1억 원 초과	1475만 원 + (총급여액 – 1억 원) x 2퍼센트

이렇게 산출된 근로소득금액을 기준으로, 인적공제, 연금보험료공제, 특별소득공제, 그 밖의 세액공제 이렇게 네 가지 공제를 한

번 더 해주는데, 이렇게 네 가지 공제가 적용되고 나면 과세표준이라는 금액이 산출된다. 그러면 과세표준을 기준으로 다음 표에 해당하는 기본세율속산표를 적용한다.

과세표준	기본세율	기본세율속산표
1200만 원 이하	과세표준 × 6퍼센트	과세표준 × 6퍼센트
1200만 원 초과 ~ 4600만 원 이하	72만 원 + (1200만 원 초과액 × 15퍼센트)	(과세표준 × 15퍼센트) - 108만 원
4600만 원 초과 ~ 8800만 원 이하	582만 원 + (4600만 원 초과액 × 24퍼센트)	(과세표준 × 24퍼센트) - 522만 원
8800만 원 초과 ~ 1억5000만 원 이하	1590만 원 + (8800만 원 초과액 × 36퍼센트)	(과세표준 × 35퍼센트) - 1490만 원
1억5000만 원 초과 ~ 3억 원 이하	3760만 원 + (1억5000만 원 초과액 × 38퍼센트)	(과세표준 × 38퍼센트) - 1940만 원
3억 원 초과 ~ 5억 원 이하	9,460만 원 + (3억 원 초과액 x 40퍼센트)	(과세표준 x 40퍼센트) - 2540만 원
5억 원 초과	1억7469만 원 + (5억 원 초과액 x 42퍼센트)	(과세표준 x 42퍼센트) - 3540만 원

표의 기본세율을 적용시킬 경우, 과세표준금액 3000만 원 기준으로 1200만 원까지는 첫 번째 행인 6퍼센트를 적용하고, 나머지 1800만 원에 대해서는 두 번째 행에 나온 계산식(72만 원 + 〔1200만 원 초과액 × 15퍼센트〕)을 적용하는데, 두 번의 번거로운 과정을 피할 수 있도록 이 과정을 요약해 놓은 것이 가장 오른쪽 열에 나

와 있는 기본세율속산표다. 기본세율속산표에서 108만 원, 522만 원과 같이 마지막에 빼는 금액이 있는데, 이 금액을 누진공제라고 표현하니 참고하길 바란다. 이렇게 342만 원이 나오면, 이 금액을 산출된 세액이라고 해서 산출세액이라고 부르고, 산출세액이 나오면 한 번 더 세액공제 및 세액감면을 한다.

세액공제에는 근로소득세액공제, 자녀세액공제, 연금계좌세액공제, 특별세액공제, 표준세액공제, 교육비세액공제, 기부금세액공제, 표준세액공제, 납세조합공제, 주택자금차입금이자세액공제, 외국납부세액공제, 월세세액공제 이렇게 12가지의 공제 항목이 있다. 본인과 관련된 항목이 있다면 대부분 자동으로 반영되며, 이런 과정을 통해 최종적으로 세액이 결정되는데, 이를 결정세액이라고 한다. 12가지 세액공제 항목을 적용했더니 내 결정세액이 100만 원이 나왔다고 가정해 보자. 결정세액이 100만 원이 나왔다는 말은 1년간 수익과 소비에 따른 공제금을 종합하니 납부해야 할 세금이 100만 원으로 계산됐다는 것이다. 그럼 100만 원을 모두 내야 할까? 당연히 아니다. 대부분의 사람들이 매달 급여에서 세금을 납부하고 있다. 이렇듯 매달 공제되는 세금(기납부세액)을 결정세액에서 한 번 더 차감한다. 결정세액이 기납부세액보다 많을 경우, 연말정산 때 세금을 추가로 더 납입해야 하는 것이고 결정세액이 기납부세액보다 적을 경우 연말정산 때 그 해당하는 부분만큼 세금을 환급받는 것이다. 이러한 절차로 연말정산이 이루어진다. 연말정산을 이해하는 측면에서 보면 앞서 강조한 소득공제와 세액공제 항목을 이해하고, 구분하는 것이 중요하다. 또한 연말정산 기준은 매년 변동될 수 있다는 점과, 2020년에 닥친 코로나로 공제율이 많이 변동되었는데 그 부분은 다음 표를 참고하기 바란다.

〈신용카드 소득공제율 확대〉

결제수단 및 사용처별	공제율			
	1~2월	3월	4~7월	8~12월
신용카드	15퍼센트	30퍼센트	80퍼센트	15퍼센트
직불, 선불카드, 현금영수증	30퍼센트	60퍼센트		30퍼센트
도서, 공연, 박물관, 미술관 사용분(총급여 7000만 원 이하자만 해당)	30퍼센트	60퍼센트		30퍼센트
전통시장, 대중교통 사용분	40퍼센트	80퍼센트		40퍼센트

〈신용카드 소득공제 한도액 상향〉

총급여 기준	현행	개정
7000만 원 이하	300만 원	330만 원
7000만 원~ 1.2억 원	250만 원	280만 원
1.2억 원 초과	200만 원	230만 원

※ 인적공제 : 본인, 배우자, 부양가족
※ 추가공제 : 경로우대, 장애인, 부녀자, 한부모
※ 특별소득공제 : 보험료, 주택자금 공제
※ 그 밖의 소득공제 : 개인연금저축, 주택마련저축공제, 소기업/소상공인공제부금, 중소기업창업투자조합 출자 등 소득공제, 신용카드 등 사용금액, 우리사주조합출연금, 고용유지중소기업 근로자, 장기집합투자증권 저축
※ 세액감면 및 세액공제 : 중소기업취업자 소득세 감면, 자녀세액공제, 근로소득세액공제, 연금계좌세액공제, 특별세액공제(보험료, 의료비, 교육비, 기부금), 납세조합공제, 주택자금차입금이자세액공제, 외국납부세액공제, 월세액세액공제

매년 국세환급금 미수령액 조회하기

20년도 국세청에 따르면 현재 납세자가 아직 찾아가지 않고 있는 국세환급금 미수령액 규모가 1434억 정도라고 한다. 찾아가지 않고 있는 사람의 규모는 약 30만 명으로, 미수령액을 미수령한 사람으로 나누면 1인당 약 48만 원 정도를 아직 찾아가지 않고 있는 셈이다. 이런 국세환급금을 찾아갈 수 있도록 매년 국세청에서는 시스템을 오픈해 주고 있다. 혹시 내가 더 낸 세금이 있을 수도 있으니 시간이 난다면 꼭 조회해 보는 것이 좋겠다. 그렇다면 국세환급금은 왜 발생하는 것일까? 먼저 국세환급금이란 원천징수 등으

로 미리 납부한 세액이 납부해야 할 세액보다 많을 때 발생한다. 또한 부가가치세, 종합소득세 환급금 등 납세자의 환급 신고 또는 근로장려금, 자녀장려금 신청 등과 같은 사유에 의해서 발생하기도 한다. 보통 이렇게 환급금이 발생하면 개인별로 우편으로 통지가 가는데 그 사이에 이사를 간다거나, 주소를 옮긴다거나 하는 등 실제 사는 곳과 정확하지 않은 경우가 많이 있기 때문에 이 사실을 모른 채 지나가는 사례가 많다. 그래서 저렇게 1400억 원 규모로 찾아가지 않는 세금이 쌓인 것이다. 5년간 찾아가지 않으면 결국에는 나라의 돈으로 귀속되기 때문에 꼭 그 기간 내 찾아가는 것이 중요하다고 할 수 있다. 직접 세무서를 찾아간다거나 하는 건 힘들기도 하고 시간도 없기 때문에, 국세청에서 운영하는 홈페이지나 앱을 통해서 쉽게 확인을 할 수 있도록 시스템을 운영하고 있는 것이다.

외화통장을 활용해서 환테크까지!!

2020년도에는 코로나 바이러스로 발생한 다양한 영향 탓에 환율이 급변하면서 달러 환율이 약 1300원까지 올랐었다. 당시 주변에서 앞으로 달러 가치가 더 오르지 않을까를 추측하는 한편 달러 투자에 대한 관심이 굉장히 높았었다. 이렇듯 외화를 이용한 재테크를 하는 데 필요한 금융 상품이 바로 외화통장이다. 그런데 왠지 외화통장이라고 하면 낯설고 뭔가 어려워 보이는 것이 사실이다. 하지만 외화통장도 원화통장이랑 똑같은 일반적인 통장이라 생각하면 편하게 접근할 수 있다. 원화통장은 말 그대로 원화가 들어 있는 통장이다. 예를 들어 모든 사람들이 몇 개씩 가지고 있는 입 · 출금 통장이나, 예 · 적금 통장과 같은 것이 원화통장이다. 이 원화통장에 돈을 넣어 놓고 필요에 따라 잔액 내에서 돈을 언제든지 편리하게 관리할 수 있다. 외화통장도 마찬가지이며, 말 그대로 원화가 아닌 외화가 들어가 있을 뿐이다. 외화통장에 들어 있는 외화를 언제든지 원화통장으로 옮길 수 있으며, 원화통장에 있는 원화를 외화통장으로 옮길 수 있다. 물론 원화를 달러나 위안 등 타 화폐로 외화통장에 입금할 경우에는 각 화폐별 환율이 적용되기 때문에 해당 은행에서 부과하는 환수수료를 내야 한다. 그런데 신기한 것은 원화통장은 한 개의 계좌에 한 개의 통화, 즉 원화만 관리할 수 있지만, 외화통장은 한 개의 계좌로 화폐별 관리가 가능하다. 예를 들어 외화통장에 100달러와 100유로, 100엔이 예치돼 있다면 해당 은행의 앱이나 홈페이지 혹은 통장정리로 확인했을 때 이 세 개의 통화를 원이나 달러로 환산해서 합산 금액을 보여주는 게 아니라 달러 100달러, 100유로, 100엔 이렇게 화폐 종류별로 잔고가 관리되는 것을 볼 수 있다. 한 개의 통장 안에서 돈이 섞이지 않고 화폐별로 있다는 것이다. 이 외화통장을 활용해서, 해외에서 돈을 송금받을 수도 있고, 오를 것 같은 화폐를 사서 그 통장에 넣어 놓을 수도 있고, 여행 도중 남은 화폐를 그대로 보관했다가 다음 여행 때 다시 출금해 불필요한 환전을 하지 않을 수도 있다. 그럼 외화통장 한 개에 몇 개의 화폐까지 보관이 가능할까? 보통 은행 상품에 따라 다르지만 통장 한 개당 20개 내외의 화폐를 관리할 수가 있다. 또한 외화통장도 화폐별로 정해진 금리에 따라 이자도 정기적으로 지급된다. 화폐별 금리는 본인이 이용하는 금융기관의 앱이나 홈페이지에서 쉽게 확인할 수 있다. 외화통장도 원화통장처럼 입·출금 통장이나 예·적금 통장이 있다. 외화입출금 통장은 화폐별로 수시로 입·출금이 가능하며, 외화 예금이나 적금도 언제든지 수수료 없이 해지할 수 있기 때문에 필요할 때 언제든지 출금이 가능하다고 이해해도 무방하다. 또한 외화통장은 앞서 설명한 장점 외에 또 하나의 장점이 있다. 금융회사나 또 외화상품별로 차이점은 조금씩 있지만 외화통장과 연계된 체크카드는 해외에서 수수료 없이 사용할 수 있다. 이렇게 많은 장점이 있기 때문에 당장 사용하지 않더라도 한 개쯤 외화통장을 개설해서 보유한다면 굉장히 유용할 것이다.

epilogue

대학교 졸업 후 취업과 함께 300만 원을 들고 처음 상경을 하였다. 바로 전세방조차 구할 만한 돈이 수중에 없었기에 창문도 달리지 않은 고시원에서 지내며 직장 생활을 시작하였다. 비웃는 사람도 있었지만 현재보다 더 나은 생활을 목표로 했기에 모든 순간을 절약하며 현명한 소비생활로 무장해 철저하게 관리하면서 지냈었다. 어느 정도의 근무 기간을 채우고 나니 대출할 수 있는 자격이 생겼다. 대출을 받아 작은 전세방을 얻어 고시원을 탈출해서 발을 뻗고 잔 그 첫날 밤은 아직도 잊을 수 없는 기억으로 남아 있다. 그 이후 꾸준히 절약 정신과 효율적인 소비 습관을 길러 차근차근 목돈을 만들어 나갔다. 남들의 시선과 상관없이 내가 옳다고 생각하는 나만의 길을 걸어 나갔다. 정확히 10년쯤 지났을까? 현재 서울 중심부에 30평대 아파트를 대출 없이 보유하고 있으며, 지금은 흔한 편이라 할 수 있지만 나름 외제차도 소유하게 되었다. 이것은 단순한 자랑이 아니다. 아무것도 가지지 못했던 사람도 이 정도는 이루었듯이, 의지만 있다면 누구든지 해낼 수 있다는 것을 말하고 싶어서다. 요즘 보면 너무 올라버린 집값과 어려운 취업난 탓에 먼 미래보다 당장의 현재를 즐기며 살아가는 사람이 많은 것 같다. 물론 이러한 삶의 방식이 틀린 것은 아니다. 하지만 희생과 노력없이 지금 편한 생활을 지속하면서, 더 나아진 미래를 기대하는 태도는

틀렸다고 말할 수 있다. 당장 가진 것이 없다면 무엇보다 절실해져야 한다. 가지고 싶은 것이 있다면 그것을 가지고자 필사적으로 합법적으로 노력해야 한다. 노력없이 바라기만 하거나, 남을 부러워만 한다면 그것은 발전 없는 삶으로 이어진다. 만약 내가 당장 가진 것이 많다면, 거기에 만족하지 말고 그 다음 목표를 설정해 봐야 한다. 더 많은 부를 이뤄볼 것인지, 아니면 평소 관심이 많이 있던 사업을 시작해 보는 등 목표와 계획에 대해 생각해 보는 것이다. 시간은 한 번 지나가면 돌아오지 않는다. 시간의 소중함을 알고 계획적으로 살아야 한다. 이 책은 사회초년생이 다양하게 접하게 될 많은 상황 속에서 최소한의 노력으로 많은 돈을 절감할 수 있는 내용 위주로 구성했다. 이 내용을 실천한다고 일확천금이 생기는 것도 아니고 바로 부자가 되는 것도 아니다. 하지만 이 사소한 부분부터 챙길 줄 아는 마음가짐을 가지지 않는다면 절대로 부자가 될 수 없을 것이다. 자신을 돌아보기 바란다. 너무 쉽게 부를 손에 넣고자 하지는 않았는지 말이다. 누구보다 당당하고 멋지게 살아갈 당신들을 항상 응원하며 이 글을 마친다.

📖 북오션 부동산 재테크 도서 목록 📖

부동산/재테크/창업

장인석 지음 | 17,500원
348쪽 | 152×224mm

롱텀 부동산 투자 58가지

이 책은 현재의 내 자금 규모로, 어떤 위치의 부동산을 언제 살 것인가에 대한 탁월한 분석을 펼쳐보여 준다. 월세탈출, 전세탈출, 무주택자탈출을 꿈꾸는, 건물주가 되고 싶고, 꼬박꼬박 월세 받으며 여유로운 노후를 보내고 싶은 사람들을 위한 확실한 부동산 투자 지침서가 되기에 충분하다. 이 책은 실질금리 마이너스 시대를 사는 부동산 실수요자, 투자자 모두에게 현실적인 투자 원칙을 수립할 수 있도록 해줄 뿐 아니라 실제 구매와 투자에 있어서도 참고할 정보가 많다.

나창근 지음 | 15,000원
302쪽 | 152×224mm

나의 꿈, 꼬마빌딩 건물주 되기

'조물주 위에 건물주'라는 유행어가 있듯이 건물주는 누구나 한 번은 품어보는 달콤한 꿈이다. 자금이 없으면 건물주는 영원한 꿈일까? 저자는 현재와 미래의 부동산 흐름을 읽을 줄 아는 안목과 자기 자금력에 맞춤한 전략, 꼬마빌딩을 관리할 줄 아는 노하우만 있으면 부족한 자금을 충분히 상쇄할 수 있다고 주장한다. 또한 액수별 투자전략과 빌딩 관리 노하우 그리고 건물주가 알아야 할 부동산지식을 알기 쉽게 설명한다.

박갑현 지음 | 14,500원
264쪽 | 152×224mm

월급쟁이들은 경매가 답이다
1,000만 원으로 시작해서 연금처럼 월급받는 투자 노하우

경매에 처음 도전하는 직장인의 눈높이에서 부동산 경매의 모든 것을 알기 쉽게 풀어낸다. 일상생활에서 부동산에 대한 감각을 기를 수 있는 방법에서부터 경매용어와 절차를 이해하기 쉽게 설명하며 각 과정에서 꼭 알아야 할 중요사항들을 살펴본다. 경매 종목 또한 주택, 업무용 부동산, 상가로 분류하여 각 종목별 장단점, '주택임대차보호법' 등 경매와 관련되어 파악하고 있어야 할 사항들도 꼼꼼하게 짚어준다.

나창근 지음 | 17,000원
332쪽 | 152×224mm

초저금리 시대에도 꼬박꼬박 월세 나오는
수익형 부동산

현재 (주)기림이엔씨 부설 리치부동산연구소 대표이사로 재직하고 있으며 [부동산TV], [MBN], [한국경제TV], [KBS] 등 방송에서 알기 쉬운 눈높이 설명으로 호평을 받은 저자는 부동산 트렌드의 변화와 흐름을 짚어주며 수익형 부동산의 종류별 특성과 투자노하우를 소개한다. 여유자금이 부족한 투자자도 전략적으로 투자할 수 있는 혜안을 얻을 수 있을 것이다.

주식/금융투자

북오션의 주식/금융 투자부문의 도서에서 독자들은 주식투자 입문부터 실전 전문투자, 암호화폐 등 최신의 투자흐름까지 폭넓게 선택할 수 있습니다.

박병창 지음 | 19,000원
360쪽 | 172×235mm

주식투자 기본도 모르고 할 뻔했다

코로나 19로 경기가 위축되는데도 불구하고 저금리 기조가 계속되자 시중에 풀린 돈이 주식시장으로 몰리고 있다. 때 아닌 활황을 맞은 주식시장에 너나없이 뛰어들고 있는데, 과연 이들은 기본은 알고 있는 것일까? '삼프로TV', '쏠쏠TV'의 박병창 트레이더는 '기본 원칙' 없이 시작하는 주식 투자는 결국 손실로 이어짐을 잘 알고 있기에 이 책을 써야만 했다.

유지윤 지음 | 18,000원
264쪽 | 172×235mm

누구나 주식투자로 3개월에 1000만원 벌 수 있다

주식시장에서 은근슬쩍 돈을 버는 사람들이 있다. '3개월에 1000만 원' 정도를 목표로 정하고, 자신만의 투자법을 착실히 지키는 사람들이다. 3개월에 1000만 원이면 웬만한 사람들 월급이다. 대박을 노리지 않고, 딱 3개월에 1000만 원만 목표로 삼고, 그것에 맞는 투자 원칙만 지키면 가능하다. 이렇게 1000만 원을 벌고 나서 다음 단계로 점프해도 늦지 않는다.

최기운 지음 | 18,000원
424쪽 | 172×245mm

10만원으로 시작하는 주식투자

4차산업혁명 시대를 선도하는 기업의 주식은 어떤 것들이 있을까? 이제 이 책을 통해 초보투자자들은 기본적이고 다양한 기술적 분석을 익히고 그것을 바탕으로 향후 성장 유망한 기업에 투자할 수 있는 밝은 눈을 가진 성공한 가치투자자가 될 수 있다. 조금 더 지름길로 가고 싶다면 저자가 친절하게 가이드 해 준 몇몇 기업을 눈여겨보아도 좋다.

박병창 지음 | 18,000원
288쪽 | 172×235mm

현명한 당신의 주식투자 교과서

경력 23년차 트레이더이자 한때 스패큐라는 아이디로 주식투자 교육 전문가로 불리기도 한 저자는 "기본만으로 성공할 수 없지만, 기본 없이는 절대 성공할 수 없다"고 하며, 우리가 모르는 '기본'을 설명한다. 아마도 이 책을 보고 나면 '내가 이것도 몰랐다니' 하는 감탄사가 입에서 나올지도 모른다. 저자가 말해주는 세 가지 기본만 알면 어떤 상황에서도 주식투자를 할 수 있다.

최기운 지음 | 18,000원
300쪽 | 172×235mm

동학 개미 주식 열공

〈순매매 교차 투자법〉은 단순하다. 주가에 가장 큰 영향을 미치는 사람의 심리가 차트에 드러난 것을 보고 매매하기 때문이다. 머뭇거리는 개인 투자자와 냉철한 외국인 투자자의 순매매 동향이 교차하는 곳을 매매 시점으로 보고 판단하면 매우 높은 확률로 이익을 실현할 수 있다.

곽호열 지음 | 19,000원
244쪽 | 188×254mm

초보자를 실전 고수로 만드는 주가차트 완전정복

이 책은 주식 전문 블로그 〈달공이의 주식투자 노하우〉의 운영자 곽호열이 예리한 분석력과 세심한 코치로 입문하는 사람은 물론 중급자들이 놓치기 쉬운 기술적 분석을 다양하게 선보인다. 상승이 예상되는 관심 종목 분석과 차트를 통한 매수·매도 타이밍 포착, 수익과 손실에 따른 리스크 관리 및 대응방법 등 주식시장에서 이기는 노하우와 차트기술에 대해 안내한다.

최기운 지음 | 15,000원
272쪽 | 172×245mm

케.바.케로 배우는 주식
실전투자노하우

이 책은 전편 『10만원 들고 시작하는 주식투자』의 실전편으로 주식투자 때 알아야 할 일목균형표, 주가차트와 같은 그래프 분석, 가치투자를 위해 기업을 방문할 때 다리품을 파는 게 정상이라고 조언하는 흔히 '실전'이란 이름을 붙인 주식투자서와는 다르다. 주식투자자들이 가장 알고 싶어 하는 사례 67가지를 제시하여 실전투자를 가능하게 해주는 최적의 분석서이다.

우영제 · 이상규 지음
23,500원 | 444쪽
152×224mm

자금조달계획서 완전정복

6 · 17 대책 이후 서울에서 주택을 구입하려는 사람이라면 (거의) 누구나 자금조달계획서를 작성해야 한다. 즉, 이 주택을 사는 돈이 어디서 났느냐를 입증해야 한다. 어떻게 생각하면 간단하고, 어떻게 생각하면 복잡한 문제다. 이 책은 이제 필수 문건이 된 자금조달계획서를 어떻게 작성해야 하는지, 증여나 상속 문제는 어떻게 해결해야 하는지를 시원하게 밝혀주는 가이드다.

택스코디 지음 | 15,000원
220쪽 | 133×190mm

딱 2번만 읽으면 스스로 가능한 종합소득세신고

이 책은 수입금액과 소득금액의 산정방법, 추계신고와 장부작성, 필요경비, 소득공제 항목과 종합소득세 세율, 세액공제와 가산세 순으로 설명한다. 이 순서는 종합소득세 계산 방법과 일치한다. 그러니까 이 구성대로만 따라 읽으면 종합소득세 신고의 기초는 단단히 다진 것이나 다름없다.

권호 지음 | 15,000원
328쪽 | 133×190mm

알아두면 정말 돈 되는 신혼부부 금융꿀팁 57

신혼여행 5가지 금융 꿀팁부터 종잣돈 1억 만들기, 통장 나눠서 관리하기, 주택정책, 청약통장 바로 알기, 카카오페이 같은 간편결제 이용하기, 신용카드, 자동차 보험, 실손보험 똑똑하게 골라 가입하기, 맞벌이 부부 절세와 공제혜택 등 신혼부부나 직장인이 한 번쯤 챙겨봐야 할 지혜의 선물.